SCIENCE ET RELIGION
Études pour le temps présent
SÉRIE HISTORIQUE
sous les auspices de la Société Bibliographique

LES GRANDS ORDRES RELIGIEUX

LES FRANCISCAINS EN FRANCE

PAR

Le R. P. HILAIRE DE BARENTON

O. M. Cap.

PARIS

LIBRAIRIE BLOUD & Cⁱᵉ

4, RUE MADAME ET RUE DE RENNES, 59

1903

SOCIÉTÉ BIBLIOGRAPHIQUE

ET DES PUBLICATIONS POPULAIRES
5, rue Saint-Simon, Paris, VIIe

But de la Société. — La Société Bibliographique a pour but de réunir tous les hommes d'intelligence et de cœur, désireux de mettre en commun leurs efforts au service de la Religion et de la Science.

A cet effet, elle favorise la création de *bibliothèques, de cabinets de lecture, la publication d'ouvrages pour les classes dirigeantes et pour les classes populaires*, ouvre *des conférences scientifiques, littéraires et sociales* ; elle signale tous les mois, dans le **Polybiblion** (*Revue bibliographique universelle*), les ouvrages parus en France et à l'Etranger ; enfin elle envoie *gratuitement* à tous ses membres son **Bulletin mensuel**, qui contient une *bibliographie de livres approuvés et destinés à la création de bibliothèques populaires catholiques*.

Avantages réservés aux Sociétaires. — 1º Au point de vue moral : les Sociétaires contribuent à la conservation de la Foi.

2º Au point de vue intellectuel : *Renseignements bibliographiques ; prêts de revues de la Bibliothèque de la Société ;* droit aux **prêts de bibliothèques renouvelables** (*demander les notices spéciales*).

3º Au point de vue matériel : la Société assure à ses membres des avantages tels qu'ils rentrent, et au-delà, dans le montant de leur cotisation.

Ses Ressources. — Elles se composent : 1º de la cotisation de tous ses membres associés-correspondants, laquelle est de **10 fr.** par an ; on peut s'en exonérer moyennant le versement d'une somme de **150 fr.** une fois payée.

2º Des apports des membres titulaires, qui sont de la somme de **100 fr.** *au moins* une fois payée. (Ce versement n'exempte pas de la cotisation annuelle de 10 fr., mais il donne droit à être éligible comme membre du Conseil de la Société).

3º **Des dons extraordinaires qui lui sont faits.**

Résultats obtenus. — La Société Bibliographique est arrivée à inscrire sur ses listes plus de *neuf mille cinq cents sociétaires* ; chaque année elle fait de nombreux envois de livres pour bibliothèques catholiques et pour distributions de prix aux enfants de nos écoles libres.

Pour plus amples renseignements, s'adresser **directement** *à la société, 5, rue Saint-Simon.*

SCIENCE ET RELIGION

Etudes pour le temps présent. — Prix : 0 fr. 60 le vol.

L'Autorité humaine des Livres saints, par le P. Méchineau, S. J. 1 vol.

Qu'est-ce que le miracle ? — *Analyse de sa notion. Ses éléments cons-titutifs*, par l'abbé E. Coste. 1 vol.

Les trois Formes du Surnaturel. *Le Miracle, la Révélation et la Grâce*, par Pierre Vallet, P. S. S. 1 vol.

Du même auteur : Dieu principe de la loi morale. 1 vol.

La Bible depuis son origine jusqu'à nos jours, par M. l'abbé Chauvin. 2 vol. se vendant séparément.
  I. *La Bible chez les Juifs.* 1 vol.
  II. *La Bible dans l'Eglise catholique.* 1 vol.

Etudes sur l'origine de la Société, par le R. P. Montagne, des Frères-Prêcheurs. 3 vol. se vendant séparément.
  I. *La Théorie du Contrat social.* 1 vol.
  II. *La Théorie de l'Organisme social, d'après l'Ecole naturaliste.* 1 vol.
  III. *La Théorie de l'être social, d'après saint Thomas d'Aquin.* 1 vol.

Le Problème de la Souffrance humaine. — *Pourquoi souffrir ? Triple réponse chrétienne*, par le P. Badet, de l'Oratoire. 1 vol.

Le Matérialisme et la Nature de l'Homme, par M. l'abbé G. Contestin, chanoine titulaire de Nîmes. 1 vol.

Le Mouvement religieux en Angleterre au XIXᵉ siècle, par le R. P. Ragey, Mariste. 3 vol. se vendant séparément.
  I. *L'Anglicanisme.* 1 vol.
  II. *Le Ritualisme.* 1 vol.
  III. *Le Catholicisme en Angleterre.* 1 vol.

La Liberté d'Enseignement. *Aperçu historique*, par M. l'abbé Laurent. 1 vol.

Rivalités scientifiques ou la Science catholique et la prétendue Impartialité des Historiens, par le R. P. Th. Ortolan, 3 vol. se vendant séparément.
  I. *La Manie du Dénigrement.* 1 vol.
  II. *Les Fausses réputations.* 1 vol.
  III. *Les Oubliés.* 1 vol.

L'Occultisme contemporain. — *Ses doctrines et ses divers systèmes*, par Charles Godard. 1 vol

Evolution, Progrès, Liberté, par P. Vallet. 1 vol.

Les Qualités de l'Educateur, par J. Guibert, P. S. S. 1 vol.

La Bible et les Théories scientifiques, par M. l'abbé B. Colomer 1 vol.

L'Origine apostolique du Nouveau Testament, par le P. Lucien Méchineau, S. J. 1 vol.

Hasard ou Providence. *Le Problème des Causes finales*, par le R. P. J.-D. Folghera, des Frères-Prêcheurs. 1 vol.

La Conservation de l'Energie et la Liberté morale, par le R. P. de Munnynck, O. P. 1 vol.

Le Péché originel dans Adam et ses descendants. *Exposé apologétique*, par le R. P. Le Bachelet, S. J. 2 vol.

Le Monde Juif au temps de Jésus-Christ et des Apôtres, par l'abbé Beurlier. 2 vol.

Le Dogme chrétien dans la Religion juive, par A.-F. Saubin 1 vol

Le Régime corporatif et l'Organisation du Travail, par le R. P. G. DE PASCAL. 2 vol. se vendant séparément.

I. *Le Passé*. 1 vol.

II. *L'Avenir*. 1 vol.

Le Dogme de l'Eucharistie, *essai d'explication*, par le P. LERAY, prêtre eudiste. 1 vol.

Les Raisons de ma croyance, par le cardinal MANNING, archevêque de Westminster, traduit de l'anglais par l'abbé E. Peltier. 2 vol.

Le Monde des Esprits. — **Anges et Démons**, par le R. P. DOM MARÉCHAUX 1 vol.

Le Mouvement féministe. *Ses causes — Son avenir — Solution chrétienne*, par la comtesse Marie DE VILLERMONT. 2 vol.

Le Brahmanisme, par Ch. GODARD. 1 vol.

Du même auteur : **Le Fakirisme**, *les Fakirs et leurs prestiges*. 1 vol.

L'Eglise grecque-orthodoxe et l'Union, par le P. Fr. TOURNEBIZE, S. J. 2 vol.

Analogies de la Science et de la Religion, par Pierre COURBET 2 vol.

L'Education supérieure des Femmes, par Mgr SPLADING, évêque de Peoria; traduit de l'anglais par M. l'abbé Félix Klein. 1 vol.

Le Beau dans les Œuvres littéraires, par M. l'abbé GABORIT, archiprêtre de la cathédrale de Nantes. 1 vol.

L'Eglise et le Droit des Gens, par le R. P. G. DE PASCAL. 1 vol.

L'Enfance du Christ d'après les Traditions juives et chrétiennes, par M. l'abbé C. CHAUVIN. 1 vol.

Du même auteur : **Le Purgatoire, s'il existe, et ce qu'il est.** 1 vol.

Le Repos dominical, *Bonheur de l'Individu, de la Famille et de la Société*, par le P. François TOURNEBIZE, S. J. 1 vol.

Les Miracles de l'Evangile, par P. VALLET, P. S. S. 1 vol.

Histoire et légende de la Congrégation (1801-1830), par J. M. VILLEFRANCHE. 1 vol.

Pour et contre l'Évolution, ou *Étude sur l'origine des Espèces*, par l'abbé LEROY, ancien Directeur au Grand Séminaire de Séez, 2 vol.

L'Origine mosaïque du Pentateuque, par le P. Lucien MÉCHINEAU, S. J. 1 vol.

L'Homme animal et L'Homme social, *d'après l'école matérialiste*, par C. de KIRWAN. 1 vol.

La Révocation de l'Édit de Nantes, ses causes et ses conséquences, par L. DIDIER, Agrégé de l'Université. 1 vol.

Les Doctrines sociales catholiques en France, *depuis la Révolution jusqu'à nos jours*, par VICTOR DE CLERCQ, avocat à la Cour d'Appel de Paris. Avant-propos par Georges GOYAU. — Première partie : *Les Précurseurs.* — Deuxième partie : *Les Contemporains.* 2 vol.

La Femme chrétienne au temps des persécutions, son influence et son rôle. *Étude historique*, par le P. BADET, de l'Oratoire. 1 vol.

La Providence. — *Conservation des êtres créés.* — *Gouvernement du monde.* — *Répartition des biens et des maux*, par G. CONTESTIN, chanoine titulaire de Nîmes. 1 vol.

Théorie de l'Education, par L. LABERTHONNIÈRE, de l'Oratoire, Supérieur du Collège de Juilly. 1 vol.

Demander la liste **complète** *des volumes* **Science et Religion** *parus à ce jour.*

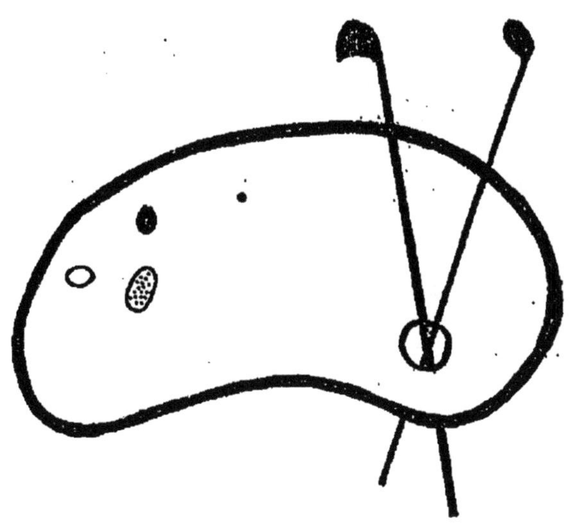

FIN D'UNE SÉRIE DE DOCUMENTS
EN COULEUR

SCIENCE ET RELIGION
Etudes pour le temps présent
SÉRIE HISTORIQUE
publiée sous les auspices de la Société Bibliographique

LES GRANDS ORDRES RELIGIEUX

LES

FRANCISCAINS

EN FRANCE

PAR

Le R. P. HILAIRE DE BARENTON

O. M. Cap.

PARIS
LIBRAIRIE BLOUD & Cie
4, RUE MADAME ET RUE DE RENNES 59
1903

PRINCIPAUX OUVRAGES A CONSULTER

Ouvrages d'ensemble.

Annales Minorum. Wading.
Scriptores Ordinis Minorum Wading.
Les chroniques des Ordres de saint François. Marc de
  Lisbonne.
L'auréole séraphique. P. Léon.
Le Rosier de saint François. Guérin.
Tableau synoptique de tout l'Ordre séraphique. Léon Pa-
  trem.
La scholastique et les traditions franciscaines. Prosper
  de Martigné.
Annales FF. MM. Capuccinorum. Z. Boverius.

Ouvrages sur les missions.

Histoire des Missions franciscaines. Marcellin de Civezza.
Les Missions de FF. MM. Capucins. Rocco da Cesinale.
La France catholique en Orient. Hilaire de Barenton.

Ouvrages spéciaux.

Vita I et II. S. Francisci. Celano.
Les diverses vies de Saint François : P. Léopold de Ché-
  rancé, Lemonnier, de Kerval, Sabatier.
Les diverses vies des saints franciscains.
Chronica Fratris Salimbene.
Jeanne d'Arc à Domrémy. Siméon Luce.
Jeanne d'Arc franciscaine. Henri de Grèzes.
Le saint cardinal Helie de Bourdeille. Dr Poüan.
Essai de Martyrologe franciscain pendant la révolution.
  Edouard d'Alençon.
Documents pour servir à l'histoire des Capucins en
  France. Anonyme.
Rétablissement des Capucins en France. Irénée d'Aulon.
Les Religieuses franciscaines. P. Norbert.

LES FRANCISCAINS

EN FRANCE

INTRODUCTION

LA MISSION DE SAINT FRANÇOIS

Saint François d'Assise a été, nul ne l'ignore, le fondateur des Franciscains ou Frères Mineurs ; il a été le père des Pauvres Dames ou Clarisses, et l'instituteur du Tiers-Ordre de la Pénitence. Ces trois Ordres composent toute la famille franciscaine dont nous devons, dans les pages qui vont suivre, raconter l'action bienfaisante sur notre patrie. Mais que fut saint François lui-même en son siècle ? Quel a été le caractère de sa mission ?

Au lieu de répondre nous-mêmes, nous allons donner la parole au poète qui, sur la fin du XIIIe siècle et au commencement du XIVe, célébra toutes les gloires et toutes les turpitudes de sa patrie et de son temps. Écoutons le chantre de *la Divine Comédie*.

« Sur une colline, non loin de Pérouse, lit-on au troisième chant du *Paradis*, s'est levé sur le monde un soleil semblable à celui qui chaque matin se baigne dans les eaux du Gange. Vous qui voulez nommer le lieu de son origine ne l'appelez plus Assise, car c'est dire trop peu, mais appelez-le Orient, c'est le nom qui lui convient. »

La chaude et vivifiante lumière répandue sur le

monde par l'enfant d'Assise est, aux yeux du poète,
l'amour de la pauvreté, cette fiancée du Christ, dé-
laissée depuis douze siècles et recueillie par François.
Celui-ci l'aima, en fit son épouse, sa dame. De leur
union naquit une génération d'hommes nouveaux.

« La concorde des deux fiancés, continue le
poète, la joie rayonnant sur leur visage, l'amour, la
merveille, la douceur de leur regard en faisaient
pour ceux qui les rencontraient une occasion de
saintes pensées. Séduit par leurs attraits, le bienheureux Bernard se déchaussa le premier. Dans leur
compagnie il goûta tant de paix qu'il pleura de les
avoir connus si tard. O richesse ignorée ! ô seul bien
véritable ! frère Egide, frère Sylvestre et l'innom-
brable phalange des disciples, à leur tour, laissent
leurs chaussures et s'en vont à la suite de l'époux,
car si belle est l'épouse !

« Depuis lors les peuples ont vu passer ce patriarche des pauvres, ce maître d'humilité, en compagnie de sa dame, entouré de ses enfants, tous liés
d'une grosse corde en guise de ceinture. Grande
parut l'abjection de François, mais cette abjection
n'était point dans son cœur, elle ne le fit point
rougir ; lui, le fils de Bernardone, il ne rougit point
de paraître méprisé au delà de toute mesure ; mais
courageusement il vint aux pieds d'Innocent, lui
confier ses austères desseins et recevoir de ses mains
pour son Ordre la confirmation de la Chaire romaine.

« Depuis ce jour la race des pauvres s'en est
allée grandissant. Merveilleuse est sa vie, pour la
chanter comme il convient il faut attendre la gloire
des cieux. »

Ce qui a frappé le poète, ce qui frappe encore
les peuples dans la vie franciscaine, c'est l'humble
pauvreté dont elle fait profession et dont elle aime
à s'entourer comme d'une gloire. La famille franciscaine en effet s'est donné une mission : faire
aimer la pauvreté non, pour elle-même mais à cause

de son premier époux, le Christ. Ce n'est point mépris des richesses à l'exemple du philosophe orgueilleux de la Grèce ; c'est encore moins mépris des riches à la manière des socialistes jaloux et des révolutionnaires modernes : c'est recherche d'un bien plus haut pour lequel il faut quitter tout le reste, parce que seul il ravit le cœur. Ce bien plus haut, c'est Dieu et son amour.

« Bienheureux les pauvres » disait, en face de l'admiration des foules, Jésus sur la Montagne. Mais que cette page ravissante des béatitudes avait été peu suivie ! Et cependant si la richesse a ses joies, ses honneurs, ses libertés, ses charmes, à la pauvreté, c'est-à-dire à la charité qui se donne *sans réserve*, le Christ en avait réservé de bien plus grands encore ! François d'Assise, au milieu des temps, se ressouvint de la parole inspirée. Il suivit sans hésiter les voies de la très-haute Pauvreté, il vérifia en lui la vérité des Ecritures, il goûta la paix qui dépasse tout sentiment, la *joie parfaite*, selon le nom nouveau qu'il lui donna, et il enseigna au monde à courir après les mêmes délices.

On a écrit au siècle dernier cette phrase peu réfléchie : « Si François revenait en nos jours, il ne jetterait plus son bien aux pauvres, il fonderait des œuvres. » Cette parole marque en celui qui l'a écrite un manque extraordinaire de compréhension du cœur humain. Ce dont manque le monde, ce n'est pas de gens qui veuillent faire des œuvres et distribuer l'aumône. La nature elle-même éprouve tant de joie à donner, plus de joie qu'à recevoir, disait le Christ Sauveur. Le bonheur de ceux qui donnent excite plus que tout le reste l'envie du pauvre. Aujourd'hui on déteste l'Eglise à cause de ses œuvres, à cause de ses bienfaits.

Celui qui donne, en effet, donne de son superflu, il semble n'épancher que quelques gouttes de son abondance ; au lieu d'éteindre l'envie au cœur des ulcérés, souvent il l'aiguise et l'active. Le pauvre volontaire, au contraire, donne tout ce qu'il a et encore ses travaux. Son exemple et sa vue guérit au cœur des déshérités le plus cruel des maux, l'envie. Tel est le bienfait apporté au monde par l'Ordre franciscain. Saint Benoît avec ses moines défricheurs avait réhabilité le travail qui donne l'aisance, la richesse, la liberté. Saint François ennoblit encore le travail, mais d'une autre façon, le travail sans la richesse, c'est-à-dire *la pauvreté* dans le travail ; et son œuvre est devenue le plus grand bienfait social parce que la pauvreté dans le travail sera toujours le lot de la multitude.

A partir du jour où le travailleur pauvre vit passer à côté de lui, son frère, l'enfant de saint François, plus dénué encore que lui des richesses de la terre mais porteur de la science, de la sagesse, des arts, de l'éloquence, de l'autorité, du génie et de la sainteté, il se sentit relevé à ses propres yeux. Il comprit que les richesses à entasser ne sont point le but de la vie, mais que l'unique source de la grandeur même ici-bas est le travail et le sacrifice embrassés *pour l'amour de Dieu*. Aussi depuis saint François la classe des travailleurs réhabilitée à ses propres yeux comme aux yeux du monde n'a-t-elle cessé de monter, de grandir. Et l'on n'a pas craint de faire gloire au Pauvre d'Assise de son ascension sociale et politique, depuis le jour où elle s'est formée en Communes pour devenir ensuite le Tiers-Etat, et depuis cent ans le Tiers-Etat est tout dans la cité.

L'Ordre franciscain a réalisé sa grandiose mission pour la glorification de la pauvreté laborieuse. Son action s'est étendue sur le monde entier ; mais dans ce petit livre nous nous bornerons à raconter son influence bienfaisante sur notre patrie, la France.

CHAPITRE PREMIER

L'ARRIVÉE DES PREMIERS MISSIONNAIRES DE LA
PAUVRETÉ. — SAINT FRANÇOIS ET LA FRANCE.

Au moment où François commençait sa mission
en Italie, la France, dans toutes ses provinces du
midi, se trouvait désolée par une foule de sectes
hérétiques, connues sous le nom générique de
Vaudois et d'Albigeois. Ces hérétiques représen-
taient alors ceux qui, dans tous les temps, ont été
scandalisés par les abus apparents ou réels, qui se
glissent toujours dans l'Eglise. « L'Evangile, disaient-
ils, prêche la pauvreté, l'humilité et la pénitence, et les
ecclésiastiques regorgent de biens et d'honneurs ; ra-
menons l'Eglise à sa pureté, à sa simplicité primitive ».
Exploitant habilement la jalousie des grands
contre le clergé, ses richesses et son influence, ils
avaient, en beaucoup d'endroits, enrôlé dans leurs
rangs des princes et des seigneurs. De la sorte ils
étaient parvenus à lever des armées, à fonder une
sorte d'Etat dans le midi de la France, et pour les
réduire il fallut organiser une véritable croisade.
Les noms de Simon de Montfort et de Louis VIII
sont demeurés attachés au souvenir de ces luttes
longues et meurtrières.
Quelque absurde que fût leur doctrine, ils avaient
par elle séduit les multitudes elles-mêmes. L'austérité extérieure de ses prédicants, comparée à ce qu'ils
appelaient l'avarice, l'orgueil, le luxe et la mollesse
du clergé catholique, la faisait paraître comme un
retour à la pureté de l'enseignement évangélique.
Aussi l'hérésie s'était-elle fortement enracinée dans
le sol. Malgré la prudence des conciles, malgré le
zèle du clergé séculier, malgré les prédications des

moines de Citeaux, elle s'était maintenue, en se développant toujours, depuis les premières années du xi° siècle. L'intervention du bras séculier arrêtait-elle un instant son essor, elle reprenait ensuite avec une vigueur plus grande. En un mot, tous les remèdes employés contre elle avaient échoué.

Si l'on cherche la cause de ces échecs, on verra qu'elle tient à un fait évident aujourd'hui après l'intervention des Ordres Mendiants : on avait négligé de frapper à la racine du mal. Or la racine de l'erreur était dans cette apparence de réforme qu'elle prétendait apporter dans l'Eglise. Cette apparence était mensongère assurément, mais elle suffisait pour séduire les âmes qui, par zèle vrai ou faux, soupiraient après la réalité. Pour détromper les peuples il devenait nécessaire de placer sous leurs yeux le spectacle de la véritable vie évangélique, de la vraie pauvreté, de la charité sincère, de l'austérité dégagée de tout orgueil et de tout vice caché. Cette mission échut à François d'Assise et à ses enfants.

Les historiens primitifs n'ont point parlé de l'arrivée des premiers Frères Mineurs en France. D'après les auteurs plus récents, l'honneur d'avoir montré pour la première fois au delà des Alpes l'humble bure des petits pauvres du Christ appartiendrait à saint François lui-même. Lors de son voyage en Espagne, pour passer au Maroc (1214-1215), soit à l'aller, soit au retour, il aurait traversé le midi de la France. A Perpignan il fonda un couvent et laissa quelques-uns de ses compagnons. A Montpellier il prédit que l'hôpital, où il logeait, deviendrait une maison de son Ordre. Six ans plus tard cette prédiction recevait son accomplissement. A Lunel, il fut reçu par le baron de ce nom ; en le quittant il bénit sa maison en reconnaissance de son généreux accueil. Cette bénédiction porta ses fruits . « Un des petits fils de ceux qui l'avaient accueilli, le bienheureux Gérard, prit à cinq ans la corde et l'habit de la pénitence au couvent des Franciscains, mena une vie angélique dans le château de ses ancêtres et mourut en odeur de sainteté à Monte-Santo, près de Lorette, au moment où il allait partir pour la Terre sainte. » De Lunel François revint en Italie par Avignon, Gap et la vallée de la Durance. « On était au milieu de l'hiver. Les cours d'eau, qui abondent dans la contrée, étaient enflés, et un jour François se trouva tout à coup en face d'un torrent qu'il ne savait comment passer. Heureusement survint un jeune meunier avec des mulets chargés de farine. Le brave garçon, trouvant les deux frères dans l'embarras, se montra charitable. Il mit les sacs à terre, fit monter François et Bernard sur ses bêtes, et poussant celles-ci dans l'eau déposa les passagers sur l'autre rive (1). »

Le voyage de saint François en France semble donc avoir été heureux. Est-ce à la suite de cet accueil sympathique, qu'il conçut pour notre pays une affection toute particulière? Il est bien permis de le supposer. Cette prédilection se manifesta quelques années plus tard au chapitre de la Portioncule (1217). Dans cette réunion, la plus mémorable de toutes celles qui réunirent les Frères, et qu'on pourrait appeler la Pentecôte de l'Ordre, saint François, après avoir fait connaître à ses enfants l'approbation solennelle accordée à la règle dans le concile de Latran, partagea le monde entier entre eux tous. Bernard de Quintavalle devait retourner en Espagne, où il avait accompagné son Maître en 1214 ; Jean de la Penna, avec 30 compagnons, reçut l'Allemagne pour sa part ; Jean Bonelli, de Florence, et 30 religieux, parmi lesquels se trouvait Christophe de la Romagne, furent désignés pour évangéliser la Provence et l'Aquitaine ; François se réserva la France :

---

(1) *Vie de saint François*, par Lemonnier, I, p. 315 et 316.

« J'aime ce beau pays, disait-il, à cause de sa dévotion au corps du Sauveur ».

Il se mit en route en compagnie de Frère Massé ; mais à Florence il rencontra le cardinal Hugolin, celui-ci lui fit comprendre que sa présence était nécessaire en Italie ; il devait rester au berceau de l'Ordre pour le défendre contre ses ennemis et contre ses propres faiblesses. François, à regret, obéit au sage prélat et envoya, en sa place, plusieurs frères renommés pour leur prudence et leur sainteté, entre autres les Frères Ange et Albert de Pise. A leur tête il plaça le frère Pacifique de la Marche d'Ancône, le *roi des Vers*. Pacifique, avant son entrée dans l'Ordre, était regardé comme le premier des troubadours de son temps et de son pays. Il avait reçu des mains de l'empereur d'Allemagne, en une occasion solennelle, « la couronne poétique, celle qui devait plus tard ceindre le front de Pétrarque et du Tasse ». La France était la terre du bien dire et du beau savoir, Paris était déjà la ville lumière ; à la reine des sciences, par un choix délicat, François destina le roi de la poésie.

Comment s'accomplit vers la France le voyage des missionnaires de la pauvreté séraphique ? Quel accueil leur fut accordé ? Ils ne semblent point avoir éprouvé, le long du chemin, les mille désagréments auxquels leurs Frères se virent exposés dans les autres pays. En Italie, par exemple, on sait avec quelles plaisanteries bouffonnes, quelles espiègleries inconvenantes, ils furent accueillis, à cause de leur costume pauvre et étrange, par les enfants et les jeunes gens. Ceux-ci les poursuivaient de leurs railleries, les convoquaient à leurs jeux, se suspendaient à leur capuce, et se faisaient porter sur leur dos. En Allemagne on se montra cruel à leur égard. Les bergers les firent poursuivre par leurs chiens, les frappèrent rudement, les dépouillèrent de leur pauvre habit et les exposèrent tout nus au froid et à la honte. Un missionnaire raconta plus tard qu'il avait été dépouillé de la sorte jusqu'à 15 fois.

La France, dès le xiiie siècle, était le pays du savoir-vivre, de la politesse et des belles manières. A ce point de vue du reste, toute la gloire de notre pays n'a-t-elle pas été résumée dans ces belles paroles, si populaires au Moyen Age : « tout homme sur terre a deux patries, la sienne d'abord, puis la France ». Les petits pauvres du Christ n'eurent point à subir chez nous les avanies que nous venons de raconter ; mais ils n'en eurent pas moins à supporter les mille inconvénients attachés à la profession de mendiants inconnus : la défiance, l'abandon et l'oubli. Voici ce que raconte Wading :

« Parvenus à destination, à Saint-Denis sans doute, car c'est là qu'ils s'établirent d'abord, ils durent pendant de longs jours souffrir le dénuement le plus complet, la faim et le froid. Etrangers et inconnus ils éprouvèrent beaucoup de rebuts jusqu'au jour où ils eurent gagné les cœurs par l'exemple de leur admirable piété. Chaque nuit, en effet, et par tous les temps, on les voyait se lever, et dévotement s'en aller dans les églises, s'il s'en trouvait, ou dans les chapelles abandonnées et dans les ermitages, chanter matines et se livrer aux saintes veilles. Le matin ils se réunissaient à la cathédrale et y vaquaient à l'oraison jusqu'à onze heures. Si alors quelqu'un les invitait à dîner, ils le suivaient ; si on les oubliait, ils allaient mendier de porte en porte.

« Après le dîner ils allaient servir les malades et spécialement les lépreux ; ils lavaient leurs plaies, les nettoyaient, les pansaient avec piété et s'exerçaient à toutes les œuvres d'humilité.

« Le spectacle d'une charité et d'une dévotion si chrétienne finit par attirer vers eux les regards, et leur gagna tous les cœurs. De nombreux disciples se joignirent à eux, et on leur bâtit de nombreux couvents.»

Vers 1224, ils s'établirent à Paris même près des

murs de la ville, au lieu appelé Vauvert, aujourd'hui jardin du Luxembourg. En 1230, les Bénédictins de Saint-Germain-des-Prés firent pour eux ce qu'ils avaient fait à Assise, ce qu'ils firent plus tard à Rome, ils leur donnèrent une maison et un enclos, mais à la condition qu'ils n'eussent point de chapelle publique. En 1240, grâce à l'intervention du roi, saint Louis, ils obtinrent un couvent régulièrement constitué.

De la même manière, et à la même époque (1217) furent construits, par les soins du baron de Beaujeu, les couvents de *Vienne*, de *Montferrand*, de *Villefranche* près Lyon et d'*Angers* où s'établit le frère Hugues.

Les épreuves que nous venons de raconter furent celles des premières fondations. Dans la suite, ils n'eurent pas besoin de se faire connaître ainsi. Souvent le bruit de leur sainte vie précéda leur arrivée. Au Mans, par exemple, ils furent appelés vers l'année 1219 par Geoffroy de Laval, chanoine de la cathédrale. Celui-ci, si l'on en croit une tradition, les aurait demandés à saint François lui-même, et le saint patriarche aurait désigné le frère Electus pour cette fondation. Electus et ses compagnons furent accueillis comme des envoyés du ciel. L'évêque aurait voulu les héberger dans son palais même ; ils préférèrent vivre des aumônes qu'ils allaient mendier de porte en porte. Sous la direction du Frère Electus, qui mourut plus que centenaire vers 1307, le couvent du Mans, bâti six ans après l'arrivée des Frères, devint très florissant ; on y compta jusqu'à 60 religieux.

Du reste, en l'année 1219, François obtint du pape Honorius pour ses Frères des lettres pontificales qui les recommandaient auprès des évêques. Et après le chapitre des Nattes, les missionnaires purent tous retourner dans leurs provinces, fortifiés par cette protection pontificale. Toutes les difficultés qu'on leur avait opposées jusqu'alors disparurent promptement, ils furent partout reçus avec faveur. Aussi quelques-uns ont-il fixé à cette année la date de la diffusion définitive de l'ordre au-delà des frontières de l'Italie.

Parmi les villes qui reçurent les Frères au retour du chapitre des Nattes, ou peu après 1210, nous devons signalér *Mirepoix*, où se fixèrent d'abord les missionnaires d'Aquitaine ; *Cahors*, célèbre par la présence et le tombeau du Bienheureux Christophe ; *Lens*, où le Bienheureux Pacifique fonda un couvent dès 1219 ; *Chateauroux*, où mourut, en 1230, le Bienheureux Bonencontre, etc.

Voici encore quelques dates pour les plus importantes fondations : En 1222, Bayeux, Toulouse, Orthez, la Bastide.

En 1223, Arras fondé par le frère Pacifique ; en 1224, Tours. En 1225, Besançon, Auxerre.

En 1226 ou auparavant, Le Puy, Chartres, Séez.

Entre 1226 et 1230, Brives et Limoges, fondés par saint Antoine, Vendôme où reposa le Bienheureux Massé, Bourges, fondé à la prière du même Bienheureux par le seigneur de Chauvigni, Soissons, Lunel, Loche, Noyon, Donzenach et Saint-Junien dans le Limouzin, Douay.

De 1231 à 1233, Rodez, Quimper, Amiens, Melun, Saint-Omer, Valenciennes.

De 1234 à 1240, Provins, Abbeville, Etampes.

De 1241 à 1249, Chalons, Rouen, Péronne, Meaux, Vernon, Troyes.

De 1250 à 1260, Roye, Lille, Dinan, Lyon, Châteaudun, Barbezieux, Blois, Verdun.

Nous arrêtons ici cette nomenclature, mais la diffusion de l'Ordre continua de s'étendre ; et, à la fin du xive siècle, Barthélemy de Pise cite les noms de 240 couvents français divisés en cinq provinces et 35 custodies. Toute ville de quelque importance avait voulu avoir sa maison de Frères Mineurs.

CHAPITRE II

L'APOSTOLAT FRANCISCAIN EN FRANCE AU XIII° SIÈCLE,
SON CARACTÈRE SPÉCIAL. CONSEILLERS DES GRANDS,
AMIS ET DÉFENSEURS DU PEUPLE.

Le genre de vie, imposé aux Frères Mineurs par
leur pauvreté même, donna à leur ministère évangélique son caractère spécial. « Allez au peuple »,
ne cesse-t-on de redire au clergé à la suite de
Léon XIII. Cette recommandation, les disciples de
saint François l'ont pratiquée dès le xiii° siècle et
jusqu'à nos jours sans interruption, contraints par
la force même des choses. Dénués de tout, obligés
par leur règle de rester toujours dans leur extrême
et absolu dénûment, ils se voyaient forcés, pour
vivre, de tendre la main aux riches et aux pauvres.
Supérieurs à tous par la science, l'éducation, la
vertu, ils avaient besoin de tous pour leurs nécessités
quotidiennes. A l'aise dans le palais des grands, ils
se trouvaient chez eux dans la cabane du pauvre. Et
comme il est toujours plus agréable de donner que de
recevoir, le peuple, en voyant ceux qui le prêchaient
venir lui tendre la main, se sentait relevé à ses
propres yeux. Sans crainte et sans honte, il leur
ouvrait son cœur, leur découvrait ses misères, acceptait leurs conseils, leur parole de patience et de réconfort. Sa pauvreté forcée lui paraissait moins dure
en voyant ces amants de la pauvreté volontaire.

Les riches également restaient sans défiance en
face de ces petits sans ambition. Avides d'honneur et
de domination qu'avaient-ils à craindre de la part de
ces mendiants, qui n'auraient pu vivre le lendemain,
sans le pain et le vêtement quêtés à leur porte ?

Noblesse oblige ! disait-on dans le monde de la chevalerie ; souvent cette parole resta un vain mot, du moins elle n'avait point de sanction. Pauvreté oblige ! entendait-on répéter souvent sous les cloîtres des chevaliers de Dame Pauvreté, et pour eux cette maxime ne restait point sans effet : leur pain quotidien dépendait des services rendus.

Obligation de fréquenter le peuple, les pauvres plus encore que les riches, occasions journalières de se mêler à sa vie, et dès lors de se rendre compte de ses besoins, de ses misères, de ses vices comme de ses vertus ; sentiment profond qu'ils étaient redevables à ce même peuple de leur pain quotidien, et qu'ils devaient le lui rendre par un apostolat fait de zèle et de dévouement, telle était la condition des nouveaux religieux.

Cette situation inspira leur zèle. Aussi, comme nous l'avons remarqué, en arrivant dans chaque ville nouvelle s'empressaient-ils de partager leur temps entre les exercices de la dévotion à l'Église et les œuvres de la charité dans les hôpitaux et les maisons particulières. Il suffit de lire l'histoire de l'Ordre, et des saints qui l'ont illustré, pour voir que les travaux les plus actifs de la prédication ne leur firent jamais oublier ce soin des pauvres. Il y eut même bientôt un ministère de charité spécialement pénible, qui devint comme leur propriété : le service des malades atteints de peste et de maladies contagieuses. Nous reviendrons plus tard sur ce sujet. Aujourd'hui les Frères Mineurs remplissent ces fonctions le plus souvent par le moyen de leur Tiers-Ordre régulier et séculier.

En ce qui concerne leur prédication, elle affecta deux formes différentes. Comme les autres missionnaires ils parlaient à l'Église dans les réunions ordinaires ou solennelles. Mais c'était là le moindre théâtre de leur apostolat. La parole portée à domicile dans leurs quêtes quotidiennes, la parole adressée personnellement à ceux qu'on savait appeler par leur petit nom, la parole portée à ceux que ne pouvaient ou ne voulaient pour diverses raisons venir la chercher eux-mêmes, voilà leur grande mission, et celle-ci préparait l'autre ; les réunions à l'Eglise, n'étaient que la consécration du travail fait à domicile. Aujourd'hui encore nous connaissons de nos frères qui, par ce genre de ministère, ont remporté des succès qualifiés miraculeux ; ils renouvellent simplement la méthode des premiers temps.

Quelques traits feront mieux saisir que tout autre exposé le caractère de cette méthode si nouvelle et si pratique. Mais il est déjà facile de comprendre combien cette action à domicile avait d'influence pour semer les idées saines, les faire pénétrer dans les esprits et dans la pratique ; on peut le dire, par elle les Frères Mineurs ont contribué plus que tout autre à faire les mœurs de la France et de nos pays d'Europe.

Un des plus remarquables en ce genre d'apostolat est le F. Hugues de Digne : « Ce frère, dit Salmibene dans sa *Chronique* à l'année 1248, était un des clercs les plus célèbres du monde entier, grand prédicateur, aimé du clergé, comme du peuple, grand controversiste, prêt à répondre à tous... Il y avait en ce temps-là à la cour du comte de Provence un certain Régnier, originaire de Pise, qui se vantait de connaître la philosophie de toutes choses ; et avec ses subtilités il embarrassait les juges, les notaires, les médecins de la cour et leur causait toute sorte d'humiliations. Ceux-ci s'en vinrent trouver le F. Hugues, le supplièrent de leur venir en aide, et de les délivrer d'un ennemi si importun. Ce Frère leur répondit : « Organisez une discussion au palais, et faites venir, avec le Comte, les soldats, les grands, les juges, les notaires et les physiciens ; engagez le débat et envoyez-moi chercher par ordre du Comte. Je montrerai et je prouverai à tous que ce philosophe n'est qu'un âne et que le Ciel n'est qu'une immense saline, *quod ipse sit asinus et cœ-*

lum sit sartago. Il tint parole. Il dérouta tellement son adversaire lui enlevant toute réplique, que confus et honteux, le pauvre sophiste, sans prendre congé de son hôte, quitta la cour et le pays et n'osa plus reparaître. Ce comte de Provence, ajoute Salimbene, était Raymond Bérenger, père de la reine de France et de la reine d'Angleterre ; il était bel homme et grand ami des Frères. »

Si les Frères Mineurs mettaient leur science, leur talent et leur esprit au service des grands, ils n'oubliaient pas pour cela les petits et ceux-ci plus encore que les premiers profitèrent de leur charité, de leur zèle, et de l'intrépidité de leur parole apostolique. L'histoire de saint Antoine à la cour du tyran Ezzelin est trop connue pour que nous la rapportions ici. Les chroniques de l'Ordre nous citent entre autres un petit fait, qui prouve comment aucune injustice commise au détriment du peuple ne les laissait indifférents : « F. Philippe était un religieux de grande sainteté. Jaloux du salut des âmes, il parcourait la France annonçant partout la parole du salut. A Riom était un collecteur des Gabelles ; il pressurait le peuple par ses exactions. Plusieurs fois, F. Philippe s'efforça de lui faire réparer ses injustices, mais l'impie obstiné se moquait du serviteur de Dieu ; et n'osant lui résister en face, il promettait tout ce qu'il exigeait de lui, mais ne tenait aucune de ses promesses. Or, il advint que F. Philippe tomba malade, et se trouva tout proche de la mort ; tout à coup on l'entendit répondre à haute voix : « Maintenant, je ne peux, pourquoi n'as-tu pas voulu, quand je pouvais ? » — Les Frères lui demandèrent à qui il parlait ainsi : « Sachez, leur dit-il, qu'à cette heure même les diables portent en enfer l'âme du Gabeleur. Le malheureux m'appelle à son secours, et vous voyez pourquoi je lui ai fait une telle réponse. »

« Aussitôt les religieux s'informèrent du Gabeleur

et ils apprirent qu'il était mort au moment même où
F. Philippe avait eu sa vision. » De tels faits connus
du public effrayaient les impies ; et les méchants crai-
gnaient de résister à la parole de pareils prédicateurs.

Il n'est pas jusqu'au doux Bonaventure lui-même
qui n'ait su, à l'occasion, donner aux princes et aux
rois d'utiles et salutaires leçons. Il dînait un jour à
la table de saint Louis. Le roi l'entretenait des richesses de son royaume et spécialement de la sainte
relique, qu'il venait de recevoir de Constantinople,
la couronne d'épines : « Oui, sire, reprit saint Bonaventure, le ciel vous a fait don de trois magnifiques couronnes, la couronne de France, la couronne d'épines, la couronne du Ciel. Mais sachez
que les deux premières seules vous sont acquises,
et leur possession ne saurait vous garantir la jouis-
sance de la troisième. »

Un zèle si intrépide les rendit promptement
populaires. En ces temps d'universelle impuissance
ils devinrent une force, un boulevard pour la dé-
fense des petits. A l'époque des désordres, qui si-
gnalèrent les ix° et x° siècles, les chevaliers, armés
de toutes pièces, se firent les défenseurs de la veuve
et de l'orphelin, au xiii° siècle les chevaliers de la
pauvreté furent les protecteurs de toutes les faiblesses ; on vint se ranger autour d'eux, comme autrefois on tenait à établir sa demeure à l'ombre du
donjon féodal : ils apprenaient à n'avoir sur terre
nulle crainte si ce n'est la crainte de Dieu. De cette
confiance envers les Frères naquit le Tiers-Ordre,
vaste association, qui pour longtemps plaça tant
d'âmes d'élites, assoiffées de justice et de piété, sous
la direction ou mieux sous la protection des Frères
Mineurs. Ecoutons encore Salimbene nous tracer le
tableau d'une fraternité en ces premiers temps :

« Entre Marseille et Vintimille se trouve tout près
de la mer une ville forte, très peuplée, elle s'appelle
Hyères (*area*) à cause des grandes salines qui s'y

trouvent. Là nous avons une très grande multitude d'hommes et de femmes qui mènent la vie de pénitence, tout en gardant l'habit séculier et sans quitter leur demeure. Ils sont très dévoués aux Frères Mineurs et viennent volontiers les entendre lorsqu'ils annoncent la parole de Dieu. C'est en cette ville qu'habitait le plus souvent et le plus volontiers F. Hugues. Il y avait là beaucoup de notaires, de juges, de médecins, d'hommes de lettres. Les jours de fêtes ils venaient en grand nombre converser au couvent avec ce Frère, l'entendre parler de la doctrine de l'abbé Joachim, enseigner et exposer les Écritures et les mystères de l'avenir...

« F. Hugues mourut à Marseille, il fut enseveli en un caveau de pierre, dans l'église des Frères Mineurs ; auprès de lui, dans un autre caveau de pierre, fut ensevelie sa sœur, Donoline. Dieu se plut à illustrer leur tombeau, à tous les deux, par des miracles. Donoline n'appartenait à aucun Ordre religieux, mais dans le siècle elle conserva la virginité, ne voulut avoir d'autre époux que le Christ, et saint François pour spécial protecteur. En signe de dévotion envers lui, elle portait une corde comme ceinture, et presque toutes ses journées, elle les passait dans l'église des Frères Mineurs. Dieu la favorisa du don des extases, les Frères la virent plus de mille fois dans son ravissement. Quatre-vingts dames de Marseille, de toutes les conditions, même des plus illustres, se mirent sous sa conduite, et elle était leur maîtresse et leur directrice ».

Telle était la vie des Frères Mineurs. Chaque couvent était un centre, un foyer. De ce foyer rayonnaient, sur tous les rangs de la société, la piété envers Dieu, la charité envers le prochain, et la sainte liberté des enfants de Dieu.

CHAPITRE III

L'AGE D'OR DE LA RELIGION FRANCISCAINE.
— LES GRANDS HOMMES ET LES GRANDS TRAVAUX

Les savants modernes ont inventé, pour expliquer
et interpréter le développement de la vie et de la
civilisation dans le monde, ce qu'ils ont appelé la
loi d'évolution : tout dans la nature, disent-ils, se
développe en partant de l'imparfait et en marchant
toujours vers une perfection plus haute. On peut dire
que l'Ordre franciscain, dans son évolution, a fait
mentir cette loi. Il est apparu grand tout d'un coup,
et son premier siècle de vie s'est trouvé être son âge
d'or, son âge parfait. Durant les siècles postérieurs
ses efforts tendront à se rapprocher le plus possible
de cet idéal des premiers jours et à le réaliser plus
pleinement en l'adaptant aux temps nouveaux. La
gloire de l'Ordre franciscain au xiii° siècle est formée
d'une triple auréole, auréole de sainteté, auréole de
science, auréole de zèle, nous allons la présenter sous
ce triple point de vue en ce qui concerne la France.

Au xiii° siècle, au point de vue de la sainteté chez
les Franciscains, trois noms, en dehors de celui de
François, émergent au-dessus des autres : Antoine
de Padoue, Bonaventure de Bagnorea, Louis de Toulouse. Par l'origine le premier appartient à l'Italie,
le second à la péninsule ibérique, le dernier seul à
la France ; tous cependant par leurs travaux, et par
la meilleure partie de leur gloire se rattachent à
notre pays.

C'est avant tout par ses prédications contre les
hérétiques de France, Vaudois et Albigeois, que saint

Antoine mérita le titre de *marteau des hérétiques*. À son arrivée, il trouva le pays troublé par l'agitation et l'inquiétude. Pendant dix années (1205-1215) les prédications de saint Dominique et de sa blanche milice avaient passé sur ces terres de l'hérésie, elles avaient remué et subjugué beaucoup d'âmes. Mais peu après (1209-1222) les croisés de l'abbé de Cîteaux, les terribles compagnons de Simon de Montfort avaient passé à leur tour ; les forteresses avaient été renversées, les murailles démantelées, mais les cœurs étaient aigris, les âmes ulcérées. Une parole du Ciel, une parole de paix seule pouvait se faire écouter. François d'Assise envoya Antoine, le fils de son cœur, la porter à sa place. Celui-ci arriva en 1223, il se rendit à Montpellier, il y remplit la charge de lecteur de théologie. Le temps n'était pas aux grandes missions. Raymond VII, remonté sur le trône de son père, méditait en effet une nouvelle insurrection ; les menaces du roi de France, devenu son suzerain, le firent un instant rentrer dans le devoir ; il demeura tranquille durant quelque temps c'est-à-dire jusqu'en 1226. C'est dans cette intervalle que notre saint évangelisa Toulouse (1225) ; puis avant la rupture définitive, il quitta cette ville rebelle et alla évangéliser les contrées voisines mieux disposées. En 1226 il est gardien au Puy-en-Velay, et en 1227 il est supérieur de la custodie de Limoges. L'Auvergne, le Limousin, le Berry furent renouvelés par sa parole ou plutôt par ses miracles ; car sur ces populations, fatiguées par les discussions religieuses, la parole n'avait plus d'effet ; seuls les miracles avaient la force de convertir. Saint Antoine les sema partout sur son passage, et le souvenir de ces prodiges resta comme un Evangile nouveau dans l'esprit de ces populations pour les rattacher indissolublement à la foi du premier Evangile oublié, méconnu. Nous ne raconterons pas, nous ne ferons que rappeler les miracles accomplis à Bourges, au Puy, à Saint-Junien, à Limoges. Ici c'est un enfant ressuscité et rendu à sa mère, là c'est un autre enfant tombé dans une chaudière bouillante et qu'il préserve de tout mal, ailleurs ce sont ses auditeurs gardés miraculeusement de la pluie tombant partout autour d'eux. Nous ne pouvons tous les citer. Nous voulons donner une mention spéciale au miracle de la mule accompli à Bourges. Un juif refuse de croire à la présence réelle de Jésus dans l'Eucharistie. « Toutefois je croirai, dit-il, mais à une condition : j'ai une mule, je la laisserai à jeun pendant trois jours, puis je l'amènerai snr la place publique en présence de tout le peuple. Vous y viendrez avec le Saint-Sacrement. Si la mule dédaigne l'avoine pour adorer l'hostie, je croirai. » Le prédicateur accepta le défi, et au jour fixé, il vint avec l'hostie sainte au lieu où le Juif attendait avec sa mule. Sur l'ordre du saint cette bête se détourna de l'avoine qu'on lui présentait, et dévotement se mettant à deux genoux, adora le dieu caché. Le juif se convertit, et comme il était riche, en témoignage de sa foi, il bâtit une église qui existe encore.

Saint Antoine par ses miracles avait rendu la foi aux provinces du Midi de la France ; saint Bonaventure par sa doctrine, par ses écrits rédigés dans les écoles de Paris illumina le monde entier d'une doctrine que les siècles ne feront point oublier. Nous reviendrons à ce grand saint en étudiant l'action de l'Ordre au point de vue de la science. Disons un mot de cette aimable figure de saint qui s'appelle Louis de Toulouse. C'est le saint |Louis de Gonzague de l'Ordre séraphique, plus l'auréole des pontifes.

Saint Louis de Toulouse était fils de Charles II, roi de Naples et petit-neveu de saint Louis. Il naquit à Brignoles, en Provence, et il y mourut en 1297, âgé seulement de 23 ans. Dans ce court espace de temps, il fournit une longue carrière. Les fruits de salut que saint Antoine accomplit par ses miracles, et saint Bonaventure par sa doctrine, il les réalisa par l'admi-

rable exemple de son humilité. Héritier du trône de
Naples, il y renonça pour revêtir l'humble bure des
Frères Mineurs. Nommé au siège de Toulouse, il ré-
sista longtemps, mais il dut céder parce que ses pa-
rents en faisaient une condition pour donner leur
consentement à son entrée dans la religion franciscaine. Durant les quelques mois de son épiscopat il
acheva l'œuvre commencée, 70 ans plus tôt, par Antoine de Padoue, il effaça les derniers vestiges de
l'hérésie en poursuivant la réforme du clergé. Il ne
resta guère qu'une année à la tête de son diocèse. Il
mourut au moment où, par un dernier acte d'humilité, il se rendait à Rome pour obtenir d'être délivré
du fardeau de l'épiscopat (1297). Mais Dieu acheva
son œuvre ; les miracles accomplis à son tombeau
manifestèrent la sainteté de sa personne ; et celui,
qui ne s'était pas jugé digne de commander à ses
frères l'espace de quelques mois, fut consacré par
le ciel même afin d'être pour toujours leur règle,
leur exemple et leur protecteur. Il fut canonisé
vingt ans seulement après sa mort, en 1317.

Ces trois saints franciscains sont les plus célèbres
parmi ceux qui illustrèrent la France au XIII° siècle.
Mais le nombre de ceux qui ont été honorés d'un
culte public est considérable. Nous citerons quelques
noms seulement :

A Avignonnet les bienheureux Etienne et Raymond,
inquisiteurs, martyrisés par les hérétiques.

A Chateauroux le B. Bonencontre ; à Saumur le
B. Massé.

A Vienne les frères Michel, Drodon et Guillaume.

Au Mans, à Die, à Narbonne trois frères du nom
d'Electus.

A Poitiers le frère Gautier évêque de cette ville et
le frère Simon ; à Cahors le B. Christophe.

A Figeac le frère Aldémar ; à Aurillac le frère Rigauld ; à Narbonne le B. Pierre-Jean Olive.

A Saint–Affrique le frère Guillaume ; à Quimper le B. Jean discalcéat.

A Arles les frères Bertrand et Monald ; à Séez le B. Gilles. A Paris les frères Julien de Spire, et Alexandre de Halès.

Enfin à Uzès le frère Roger de Provence, religieux d'une grande pureté de cœur et d'intention qui apprit à réciter la prière usitée encore dans l'Ordre des Capucins : *domine iste vilissimus servus tuus.*

La sainteté franciscaine ne se concentrait pas tout entière au fond des cloîtres, elle se répandait au dehors en la personne de nombreux tertiaires des deux sexes. Nous ne pouvons faire encore que citer des noms. Le plus célèbre est saint Louis lui-même, patron du Tiers-Ordre ; puis saint Elzéar de Sabran, la bienheureuse Delphine son épouse, et saint Yves de Bretagne.

Enfin à tous ces noms, il nous faut ajouter celui de la bienheureuse Isabelle de France, sœur de saint Louis, vierge du deuxième ordre et fondatrice du monastère de Longchamp.

La liste des saints, des bienheureux, des vénérables que nous venons de donner est longue, néanmoins ce n'est point par les grâces de sainteté que brilla plus spécialement l'Ordre franciscain en France. Salimbene dit quelque part que les Français étaient fiers et même jaloux de la science de leurs docteurs, « et ajoute-t-il, les Italiens au contraire se glorifient d'être les conducteurs de l'Ordre. Par crainte du relâchement ils ne veulent pas laisser les premières charges aux mains des Français ». L'Italie fut la terre de la sainteté, la France fut celle de la science. C'est en France, à Paris, que se forma et s'épanouit la célèbre école Franciscaine.

Le fondateur de cette école est un anglais de naissance, il s'appelle Alexandre de Halès ; Halès est un monastère du comté de Glocester, où il reçut son éducation. Une légende s'est attachée au souvenir de son entrée dans l'Ordre. Alexandre était archidiacre et chancelier de l'Eglise de Paris, et en même temps il occupait la chaire de théologie à l'Université de cette ville. Il passait, raconte Salimbene, pour le meilleur clerc du monde, comme le roi Jean de Jérusalem pour le plus grand chevalier. Un jour, un humble frère quêteur, de l'Ordre de saint François, se présente à sa porte et après avoir reçu son aumône : « De grâce, lui dit-il, songez au salut de votre âme, venez faire pénitence sous la bure des Frères Mineurs et après avoir servi le monde par votre science, venez servir la religion de saint François ; je vous le demande pour l'amour de Dieu et de Marie, sa Mère. » Or Alexandre avait fait vœu d'accorder tout ce qu'on lui demanderait au nom de la reine du ciel. Il vit dans cette prière un ordre de Marie elle-même, il n'hésita pas et sollicita la grâce d'être reçu au noviciat. C'était entre les années 1221 et 1231.

L'Ordre sut mettre à profit ses talents, il lui confia la direction des Etudes et lui laissa une entière initiative. C'est à cette confiance intelligente qu'on doit le renouvellement de l'enseignement au Moyen-Age. Tous ceux qui enseignaient aux écoles officielles devaient suivre les programmes d'usage et les anciennes méthodes ; Alexandre s'y était conformé lui-même à l'université de Paris. On commentait la Bible d'après les Pères et l'on s'en tenait à ce seul livre. C'est d'après cette méthode qu'avait enseigné saint Antoine de Padoue à Montpellier. A cet ancien manuel le vieux professeur en ajouta un nouveau, *le Livre des Sentences* de Pierre Lombard. Son innovation fut suivie et jusqu'à la fin du Moyen-Age la Bible et le Livre des Sentences restèrent dans toutes les Universités les seuls et uniques manuels employés pour l'étude de la philosophie et de la théologie. La Somme de saint Thomas elle-même ne parvint jamais

à détrôner le manuel choisi par Alexandre de Halès,
le livre de Pierre Lombard.

Si brillantes furent les leçons du nouveau Maître,
que les élèves étrangers à l'Ordre demandèrent à
être admis à ses cours. On dut satisfaire à leurs
désirs et le couvent des Frères Mineurs, situé où se
trouve aujourd'hui l'école de médecine, devint le
centre d'une école publique. Là vinrent étudier des
élèves de tous les pays, de tous les Ordres et de
toutes les conditions. Saint Thomas, dit-on, y serait
venu allumer l'étincelle de son génie. Quelques-uns
l'ont nié. Du moins Alexandre fut le professeur de
saint Bonaventure, de Jean de la Rochelle, d'Odon
Rigauld, plus tard archevêque de Rouen, de Gautier
Ceton, de Robert de Clefton, d'Adam de Paris, qui
tous ont composé des écrits remarquables. En 1243,
le pape Innocent IV, qui avait assisté à ses cours,
lui ordonna de rédiger ses leçons en un corps de
doctrine pour l'utilité des étudiants. L'humble franciscain se mit à l'œuvre et consacra à ce travail les
deux dernières années de sa vie. Deux ouvrages
sont sortis de ce labeur : La *Somme théologique*
et la *Somme des vertus*. La Somme théologique fut
approuvée plus tard officiellement par Alexandre IV
dans sa bulle, *De fontibus paradisi* ; 60 docteurs
de l'Université de Paris l'auraient, d'après Wading,
recommandée de leur autorité, et Alexandre IV
l'aurait proposée à toutes les Universités du monde
catholique.

Si parfaite que fût l'œuvre du docteur franciscain,
elle ne devait pas tarder à être surpassée. Deux de
ses disciples, en continuant de marcher dans le
chemin qu'il avait ouvert, et en utilisant son livre
avec génie, éclipsèrent sa gloire. Ce furent saint
Bonaventure et saint Thomas. Le premier se con-
tenta de perfectionner, corriger, étendre le Maître,
il continua l'école franciscaine, héritière des doctrines
de l'ancienne Université de Paris ; le second insinua

un esprit nouveau, contraire en plusieurs points aux anciennes doctrines, il fonda l'école dominicaine ou mieux l'école thomiste. Ces deux écoles restèrent rivales jusqu'en nos jours ; la première garda longtemps encore la suprématie ; en 1276 et 1284 plusieurs propositions, extraites des ouvrages de Frère Thomas, furent censurées par l'Université d'Oxford et par l'archevêque de Paris. Mais bientôt on oublia ces condamnations, et les deux écoles se mesurèrent à peu près à forces égales.

A partir du xive siècle, l'école franciscaine se rangea sous la direction d'un nouveau chef, le jeune et hardi Jean Duns Scot (1266-1308). Quoique originaire d'Angleterre ou d'Irlande, Scot n'en est pas moins une des gloires franciscaines de l'Université de Paris. C'est là qu'il vint enseigner en 1304 après avoir professé pendant 10 ou 15 ans à Oxford. Il y resta quatre années et y composa ses *Reportata* ou second commentaire du Livre des Sentences, ses 21 *Quodibétiques* et ses 39 *Conférences* ou *Collationes parisienses*. Ecrits dans la maturité de son génie, ces trois ouvrages exposent mieux que tous les autres sa véritable doctrine. A Paris encore il aurait défendu dans une discussion solennelle le privilège de l'Immaculée Conception. A partir de ce jour l'Université, qui jusque là avait été contraire à cette doctrine, l'aurait adoptée et reconnue comme seule acceptable.

Alexandre de Halès, saint Bonaventure, Scot sont les trois docteurs qu'on peut regarder comme les fondateurs de l'école franciscaine. A ces noms plusieurs ajoutent encore celui de Richard de Middletown. Ce docteur en effet enseigna à Paris et composa un *Commentaire* très remarquable sur le Livre des Sentences et des *Questions quodlibétiques* (vers 1280). Voici le jugement du docteur Scheeben sur ce commentateur : « Comme saint Thomas, il procède avec beaucoup de calme et de pénétration, et se rapproche plus de ce dernier que les autres théologiens franciscains par la doctrine et la manière de la concevoir (1). »

Autour de ces docteurs d'élite se range une véritable pléiade d'écrivains sur toute matière. Le plus remarquable et l'une des gloires encore du couvent de Paris est l'anglais Roger Bacon. Le nombre de ses ouvrages est presque infini, il a écrit sur les sciences avec une compétence et une intuition merveilleuse. Il composa son *opus majus*, adressé au pape et aux princes, dans le but de les exhorter à diriger les études vers les sciences physiques et naturelles, vers les sciences d'expérimentation, telles qu'on les cultive aujourd'hui ; dans son génie prophétique il a marqué tout le parti qu'on pourrait tirer de ces études et prévu six siècles à l'avance beaucoup de découvertes modernes :

« On peut construire pour les besoins de la navigation, dit-il, des machines telles que les plus grands vaisseaux dirigés par un seul homme parcourront les fleuves et les mers avec plus de rapidité que s'ils étaient remplis de rameurs. On peut aussi faire des chars qui, sans attelages, courront avec une incommensurable vitesse. Il est possible de créer un appareil au milieu duquel un homme assis et faisant mouvoir avec un levier des ailes artificielles, voyagerait comme un oiseau dans les airs. Un instrument long de trois doigts et large d'autant suffirait pour soulever d'énormes fardeaux, etc... »

Telle fut la merveilleuse intuition du moine franciscain, aussi, avec le savant de Humbolt, ne doit-on pas craindre de proclamer qu'il fut *la plus grande apparition du Moyen Age.*

Après Roger Bacon et bien loin derrière lui, il faut citer au xiiie siècle : Guillaume Varron (*Doctor fundatus*), les quatre Maîtres : Alexandre de

____

(1) La *Dogmatique*, t. I, p. 670.

Halès déjà cité, Jean de la Rochelle, Geoffroy de Brie, Albert de Bastia, Raymond de Faversham, Adam de Marisco, Jean de Parme, Jean Peccam, Raymond Béranger docteur de Montpellier, Alexandre de Villedieu en Normandie, Pierre Jean Olive.

D'autres s'occupaient d'histoire : Bernard de Besse, Julien de Spire, Oddon Rigaud, Salimbene, Guillaume de Ruysbroek.

D'autres cultivaient la littérature profane ou liturgique et la musique : Julien de Spire a composé en vers les offices de saint François et de saint Antoine, avec la musique ; Jean de Fermo a écrit la Préface de saint François ; Henri de Pise, d'après Salimbene, composa également beaucoup de vers et de musique à une et plusieurs voix. Enfin, deux siècles plus tard, le cordelier Jean Tisserand devait donner à la liturgie universelle le chant si populaire de l'*Œ filii et filio* (1).

En Ecriture Sainte, Arlott de Prat a composé une concordance de la Bible. Au siècle suivant Nicolas de Lyre, en Normandie, devait se faire un nom entre tous les commentateurs des Saints-Livres (2).

Tous ces savants sont nés en France ou bien ont écrit en France.

Les siècles suivants ne seront guère moins féconds. Nous ne pouvons citer les noms de tous ces docteurs ; mais, nous pouvons le dire avec vérité, sur les 10.000 auteurs franciscains, qui ont laissé des travaux, une grande partie et des plus célèbres appartient à la France par la naissance ou par l'adoption.

Du reste le grand couvent des Cordeliers à Paris resta longtemps comme le centre intellectuel de l'Ordre. Là de toutes les provinces du monde on envoyait l'élite des jeunes religieux se former à l'étude et acquérir tout l'ensemble des sciences divines et profanes telles qu'on les enseignait en leur siècle.

(1) Cf· *Bibliothèque de l'école des Chartres*, 1900 et 1901.
(2) A propos de ce commentateur on a fait le jeu de mots suivant : *Si Lyranus non lyrasset, totus mundus delirasset.*

CHAPITRE IV

JEANNE D'ARC ET LES FRÈRES MINEURS. — LE
PATRIOTISME FRANCISCAIN AU XV° SIÈCLE

Il y aurait beaucoup à raconter sur l'action des
Frères Mineurs en France au XIV° et XV° siècles.
Obligés de nous borner, nous nous contenterons de
dire un mot de leur attitude en face de l'étranger.
Dans cette grande crise nationale qui faillit livrer
notre patrie aux Anglais, ils furent, on peut le dire
avec vérité, les plus fermes appuis du patriotisme
français. Le patriotisme français se distingue en effet
par un caractère spécial, qu'on ne retrouve point
au même degré dans les autres pays : il vit dans
le peuple plus sincère, plus tenace, plus irrésis-
tible que dans les autres clas   de la société. Quand
tout semblait perdu à Bou   , c'est le peuple, ce
sont les Communes accourues au secours de Philippe Auguste qui sauvèrent la patrie. Au XVI° siècle
alors que la noblesse en grande partie passait au
protestantisme et s'alliait aux Anglais et aux Allemands, alors que nos rois semblaient prendre leur
parti de la déchéance catholique de leur royaume,
sortie du peuple la ligue les contraignit à rester les
fils aînés de l'Eglise. A la Révolution c'est le soulè-
vement populaire, qui sauva la France de l'invasion,
c'est la ténacité des Vendéens et des Bretons qui la
sauva du paganisme. Aujourd'hui l'espoir, la pensée
même de la revanche ne vit plus en France si ce
n'est au fond de l'âme populaire. Au XV° siècle la
France était perdue, l'Anglais avait confiné l'héritier
de saint Louis, de l'autre côté de la Loire ; et en
1429 il avait mis le siège devant Orléans, la clef de
la dernière province encore libre. Orléans tombée,

ce n'était plus qu'une promenade militaire que d'aller à Bourges prendre le roi, non encore sacré, dans sa capitale.

Mais le peuple de France veillait. Il allait se lever dans la personne d'une de celles qui incarnent avec le plus de pureté, les délicatesses et la générosité de l'âme française : une femme, une jeune enfant de 17 ans, allait venir ; Jeanne, la bonne Lorraine, allait sauver la France. Tous connaissent son histoire ; mais il est un point de cette histoire, qu'on oublie trop souvent, c'est que Jeanne appartient tout entière à la famille franciscaine. On a mis en doute qu'elle appartînt au Tiers-Ordre, parce qu'on n'a pas trouvé son certificat de vêture ou de profession ; mais qu'importe, si tout, en cette jeune fille, est marqué de l'empreinte, de l'esprit, de l'âme franciscaine ? Les Franciscains ont préparé, étendu, secondé le mouvement dont Jeanne a su assurer le succès. Ils ont été les éducateurs de sa jeunesse, ils sont restés ses défenseurs et ses appuis ; et c'est un des leurs qui a conduit le plus loin la cause de sa réhabilitation. Ces faits bien constatés suffiront à établir la grande part, qui revient aux enfants de saint François dans le réveil du patriotisme qui sauva la France au commencement du xve siècle. Afin d'être impartial, nous suivrons pour cette étude le savant ouvrage de Siméon Luce : *Jeanne D'arc à Domrémy*.

Si beaucoup parmi les Dominicains devinrent promptement les partisans des Bourguignons et des Anglais, raconte Siméon Luce, les Franciscains au contraire se firent les champions des Armagnacs et de la cause française. Le grand promoteur du mouvement fut le Frère Richard. Il prêcha d'abord aux diocèses de Troyes et de Châlons : « grâce à la connivence des évêques de ces deux diocèses... le missionnaire franciscain avait provoqué dès la fin de 1428 dans toute la Champagne méridionale et orientale une sorte d'agitation où le sentiment patriotique se couvrit peut-être, comme il est arrivé souvent, du masque de l'exaltation religieuse. »

En 1429, l'année du départ de Jeanne, il ne craint pas de prêcher à Paris. « Ses sermons duraient de 5 heures du matin jusqu'à 10 ou 11 heures et n'eurent jamais moins de cinq ou six mille auditeurs. » Ses succès excitèrent la défiance des Anglais, et il fut chassé de la ville, dit Monstrelet « parce qu'il s'était montré, dans ses sermons, favorable aux Français ». Avant de quitter les Parisiens, Frère Richard donna à tous des *noms de Jésus*, médailles portant le monogramme du Christ, selon la dévotion introduite en Italie par saint Bernardin de Sienne en 1425, et prêchée par les Franciscains dans le monde entier par ordre du chapitre de 1427. « Quatre mois plus tard ces mêmes Parisiens mirent en pièces ces médailles ou les jetèrent dans la Seine, lorsqu'ils apprirent que leur prédicateur de prédilection venait les assiéger en compagnie de la Pucelle. »

Frère Richard, en effet, s'était déclaré pour Jeanne dès le début de sa mission. Il allait partout, se faisant en tous lieux son précurseur auprès des populations : « Semez, disait-il aux paysans de la Champagne, semez, bonnes gens, semez foison de fèves, car celui qui doit venir viendra bien bref. »

Outre son amour pour la France, Frère Richard était attiré vers Jeanne par les liens qui unissaient cette jeune fille à la famille franciscaine. Pour Siméon Luce, en effet, il n'y a aucun doute, Jeanne était tertiaire. Ses raisons ont été développées par le P. Henri de Grèzes, dans sa brochure, *Jeanne d'Arc fransciscaine* ; voici les principales : Chassée de Domrémy avec sa famille par le parti anglais, elle se retira à Neufchâteau, où elle choisit les franciscains comme directeurs de sa conscience ; plus tard à l'armée elle s'entoura de religieux mendiants et autant que possible elle fréquentait leurs églises et communiait en compagnie de leurs petites élèves ; durant ses courses militaires ayant appris que sainte Colette, la célèbre réformatrice franciscaine, était à Moulins, elle quitta le siège de la Charité-sur-Loire, pour venir passer trois jours entiers, en compagnie de la sainte abbesse — ; enfin ce furent les franciscains qui furent chargés de faire une enquête à Domrémy sur la jeunesse de Jeanne, quand, à Poitiers, on voulut s'assurer de la divinité de sa mission — Son vêtement était celui des tertiaires : étoffes humbles pour le prix et la couleur, vêtement soigneusement fermé, costume ni entièrement noir, ni de couleurs voyantes, cheveux coupés en rond. Ses dévotions étaient celles que prêchaient les franciscains aux membres du Tiers-Ordre : jeûnes fréquents, assistance quotidienne à la messe, grande piété envers le nom de Jésus, qu'elle fit peindre sur ses étendards, et graver sur l'anneau qu'elle portait au doigt. Tous ces faits offrent assurément une raison suffisante en dehors même, si l'on veut, de la question du Tiers-Ordre, pour revendiquer Jeanne comme une gloire franciscaine.

Les Frères Mineurs n'ont pas seulement préparé et défendu la mission de Jeanne d'Arc pendant sa vie, ils ont, après son supplice, défendu sa gloire. Parmi les prélats, consultés par Charles VII sur la cause de la réhabilitation de la Pucelle, figure le franciscain Elie de Bourdeille. Or, tandis que les autres conseillers royaux se contentèrent d'établir, selon leurs lumières, l'innocence de Jeanne, le saint évêque de Périgueux, entraîné, comme malgré lui, par la sincérité de son cœur, porta la question sur un terrain plus haut. « Jeanne ne mérite pas les qualifications énumérées dans la sentence de condamnation, dit-il, elle en mérite plutôt de toutes contraires. » Ces paroles sont dans le titre même de son rapport. La conclusion qui se dégage de tout son travail, c'est que Jeanne est une sainte et qu'elle a droit aux honneurs des autels (1).

(1) Ayrolles, *La Pucelle devant l'Eglise de son temps*, p. 359.

3

L'intuition du saint prélat devança de quatre siècles le jugement de la postérité. Mais ce verdict si sage en même temps et si osé, venant sanctionner l'attitude des autres Frères Mineurs qui avaient approuvé et appuyé la mission de Jeanne, montre que l'Ordre Franciscain ne varia jamais dans son attachement et son culte pour celle qui sera toujours le modèle du plus pur patriotisme.

Nous ne voulons pas terminer ce chapitre consacré au patriotisme franciscain durant la guerre de cent ans sans parler encore des hauts faits d'un autre cordelier, signalé dans la *Chronique* de Georges Chastelain. C'est au siège de Compiègne qu'il se distingua. « A la tête de ceux qui causèrent le plus d'ennuis et de pertes aux assiégeants, était, écrit cet historien partisan des Anglais, un cordelier natif et vêtu à Valenciennes, nommé Noiroufle, un grand haut homme noir, avec un laid meurtrier visage, une belle vue, et un grand long nez, portant rude grosse faconde et semblant épouvantable entre les autres. Il était tous les jours aux créneaux avec une couleuvrine dont il était le ministre, le non pareil des autres. Il se vantait d'avoir tué à lui tout seul trois cents Anglais-Bourguignons par le tir de sa couleuvrine, et s'en faisait sa risée, et s'en tenait tout honoré et joyeux. Il se trouva en plusieurs autres villes assiégées et ès faits de guerre longuement... et vint d'être de la retenue du service particulier du roi... et souvent disait messe devant lui ».

Les franciscains avaient compris que, quand la patrie est en danger, le prêtre lui-même a le droit de devenir soldat.

CHAPITRE V

La beauté idéale a été définie par plusieurs la
variété dans l'unité. Les âmes d'artistes se trouvent
mal à l'aise dans ces plaines monotones, dans ces dé-
serts sans vie, où l'œil, si loin qu'il plonge, n'aper-
çoit partout que les mêmes guérets ravagés par la
charrue ou les mêmes sables stériles et morts. Un
édifice aux murs uniformément plats est appelé dé-
daigneusement une caserne. Une revue militaire,
pour être belle, demande des hommes de toutes
armes, aux costumes divers, aux exercices mouve-
mentés. Il n'y a pas de beauté sans variété.

Cette loi s'applique aux institutions elles-mêmes,
et à l'Eglise catholique tout spécialement. Aux âges
qui précédèrent le nôtre, c'étaient de magnifiques
féeries, ces processions, chaque printemps, se dé-
roulant dans les rues enguirlandées de nos villes et
de nos cités, au milieu du peuple qui précédait et qui
suivait. Immédiatement avant le clergé paroissial
venaient se ranger les religieux de tous Ordres et les
confréries aux mille vocables. Les Bénédictins dans
leur froc noir et sévère, les fils de saint Bernard
revêtus de leur grosse coule de laine blanche, les
disciples de saint Dominique drapés dans leur grande
chape noire voilant à peine l'éclatante pureté de leur
blanche tunique, les petits pauvres de saint François,
pieds nus, les cheveux rasés en forme de couronne,
marchant derrière leur croix de bois, ceints de la
corde, et comme ensevelis dans leur sac de bure gros-

sière ; enfin la diversité des confréries avec leurs
costumes nuancés de couleurs symboliques, tous, en
théories pieuses, défilaient au chant des hymnes et
des psaumes sous les regards émus de la foule. Cette
variété peignait aux yeux la diversité des grâces ré-
parties aux fidèles au sein de l'Eglise du Christ, elle
manifestait l'admirable harmonie qui règne entre
ses membres.

Cette variété des fonctions admirable dans l'Eglise,
peut se retrouver, quoique à un moindre degré,
dans certains Ordres religieux, lorsque l'idéal
qu'ils poursuivent est assez vaste pour admettre
plusieurs degrés bien tranchés. Dans ces conditions
se trouve l'Ordre des Frères Mineurs. Son idéal c'est
le mystère de la pauvreté et de l'humilité du Christ
à reproduire sur la terre, la pauvreté jusqu'à la
crèche, l'humilité jusqu'à la croix.

Saint François a créé la forme de cette imitation :
le signe de cette *pauvreté*, c'est de ne rien posséder
ni en propre ni en commun, ni maisons, ni rentes,
ni aucune sorte de revenu, de ne point accepter
d'argent, mais de vivre au jour le jour des fruits de
son travail et des aumônes des fidèles — le signe
de cette *humilité* se trouve dans le vêtement, dans
l'habitation, dans le train de vie. « Que les Frères,
dit saint François dans sa règle, soient vêtus d'habits
pauvres, et qu'ils les puissent rapiécer dedans et
dehors de sacs et autres pièces. » Et François se
tailla un habit de bure grossière, il lui donna la
forme d'une croix, il le ceignit d'une corde en guise
de ceinture afin de rappeler Jésus dans sa passion,
cet habit devint celui de son Ordre, et il défendit
de porter des chaussures, sauf le cas de nécessité,
parce que le divin Maître et ses Apôtres avaient
marché pieds nus (1).

(1) « Parat sibi ex tunc tunicam crucis imaginem profe-
rentem, ut in ea propulset omnes demoniacas phantasias :
parat asperrimam, ut carnem in ea crucifigat... parat sibi

Ce sont là les grands traits de l'idéal franciscain. Saint François dans sa règle en fixa les lois et indiqua le *minimum* des observances à pratiquer ; dans les exemples de sa vie il a donné l'*idéal supérieur* et par son testament il invite tous les Frères à le suivre. Cette situation créa immédiatement deux courants dans l'Ordre ; le premier était constitué par ceux qui se contentaient du stricte nécessaire dans l'observance de la règle et parfois descendaient au-dessous, — le second comprenait les *zélateurs* de la très haute pauvreté.

Les rapports entre les deux partis furent parfois loin d'être pacifiques. Quand ils se trouvaient en face l'un de l'autre dans le même couvent, comme les deux pratiques ne se pouvaient concilier ensemble, il fallait ou bien que le plus faible cédât à l'autre, ou bien arriver à la séparation complète. Cette dernière solution déjà indiquée et conseillée par saint François finit par prévaloir.

Dès le XIIIe et XIVe siècles, diverses réformes s'élaborent et amènent des divisions et branches séparées : les *Célestiniens* au centre de l'Italie en 1294, les *Claréniens* au sud en 1302, les *Narbonnésiens* au sud de la France en 1314, les *Colettins* vers 1406 en France, les *Amédéistes* en Savoie en 1457, les *Frères du Capuce* vers 1487, en Espagne. Enfin au milieu de toutes ces tentatives, parfois mal conduites, il en parut une autre plus sérieuse et appelée à de plus hautes destinées, celle des *Observants* commencée en 1355. Elle rendit à l'Ordre une nouvelle jeunesse et l'on vit paraître une multitude de saints. Ce fut l'époque des Bernardin de Sienne, des Jean de Capistran, des Pierre Regalat, des Jacques de la Marche, des Bernardin de Feltre, des Didace d'Alcala, des Ladislas de Gielnow. C'est à cette réforme qu'en 1517, Léon X

ex tunc pauperrimam et incultam, et quæ a mundo nullatenus valeat concupisci. Celano. *Vita prima* » cap. IX.

réunit toutes les autres, en supprimant leurs diverses dénominations particulières, pour ne plus garder que le nom commun de Frères Mineurs. Et il invita tous les couvents non encore réformés à se rallier à l'Ordre ainsi reconstitué. Un certain nombre refusèrent, prétextant que les nouvelles Constitutions étaient trop sévères. Condescendant à leurs faiblesses le Pontife leur accorda de former un corps séparé avec des constitutions spéciales, il leur permit de conserver des propriétés, des rentes, des revenus, avec le maniement de l'argent, et il leur donna le nom de Frères Mineurs Conventuels.

Cette séparation était un bien. Le premier et principal fondement de la règle se trouva sauvegardé par ce partage nécessaire. Les Observants représentèrent désormais la vie franciscaine dans sa pureté essentielle, les Conventuels représentèrent cette même vie sous une forme mitigée, et plus accessible à la faiblesse humaine.

La Bulle d'union de Léon X avait été une œuvre de conciliation, elle avait ouvert les portes aussi larges que possibles, elle n'avait imposé que le *minimum* des observances prescrites par la règle. Elle fut une déception pour beaucoup de zélateurs, surtout après que le retour en masse de la plupart des conventuels (1) eut introduit un peu partout les habitudes de vie large et facile qu'ils menaient auparavant. Aussi les tentatives de réforme reparurent-elles plus nombreuses que jamais. En Espagne, en particulier, les Frères du Capuce ou déchaussés, tout en restant soumis au Général de l'Ordre, tel que l'avait établi Léon X, gardèrent leur genre vie aus-

(1) Tous les couvents de France passèrent d'un seul coup à l'Observance. Jusqu'à cette époque, en effet, la Réforme avait eu peu de succès en ce pays. Séez, Saint-Omer, Varennes, Dôle, Laval, Amboise, Saint-Jean-d'Angely, Bressuire, Cholet, Fontenay-le-Comte, avaient été les principaux couvents colettins.

tère, ils formèrent à partir de 1519, une province à part sous le nom de Saint-Gabriel et bientôt même reçurent par les soins de saint Pierre d'Alcantara, le plus célèbre des leurs, des constitutions distinctes et les plus sévères qui aient jamais été suivies dans l'Ordre franciscain.

Bien plus en présence de ce zèle universel pour une plus haute perfection, les supérieurs de l'Ordre ordonnèrent qu'on organiserait dans chaque province, conformément aux désirs de saint François, des couvents de *récollection* ou de retraite où les plus fervents seraient admis aux pratiques d'une vie plus sévère. En Italie on rédigea pour eux, en 1526, des constitutions spéciales et ils prirent le nom de *Réformés ou de Stricte Observance*, et Grégoire XIII les établit en provinces séparées sous la juridiction immédiate du Général de l'Ordre. En France ils reçurent également des constitutions spéciales, et gardèrent le nom de *Récollets* emprunté à leurs maisons. En 1590 leurs couvents furent érigés en custodies, et en 1603 en provinces séparées. Ils relevaient aussi directement du Général de l'Ordre.

Au milieu de toutes ces réformes il s'en produisit une autre d'un caractère tout particulier. Le mobile principal, qui la détermina, fut le désir de reprendre non seulement la pureté de la vie franciscaine, mais encore l'habit de l'Ordre sous sa forme primitive, cet habit que François d'Assise s'était façonné lui-même, avec ses larges manches, son large capuce cousu au corps de la tunique, et présentant à cause de cette disposition la forme d'une croix. Saint François l'avait choisi afin de porter sur lui un souvenir constant des humiliations du Calvaire.

Longtemps, malgré sa forme sans art et peu élégante, il resta en honneur dans l'Ordre à cause du symbolisme qu'il représentait. Mais peu à peu on adopta la taille plus gracieuse et plus esthétique, *honestioris forma,* dit Wading, employée encore aujourd'hui dans les autres branches de la famille franciscaine. Enfin les Conventuels, guidés par des motifs analogues, changèrent à leur tour la couleur de ce même habit et adoptèrent le noir.

Les Capucins (c'est le nom qu'on donna aux nouveaux réformés à cause même de leur capuce) voulurent reprendre dans son intégrité et sa perfection l'idée franciscaine telle que l'avait conçue le séraphique patriarche, avec son signe symbolique, c'est-à-dire l'habit de grosse bure, taillé en forme de croix.

Ils se donnèrent des Constitutions, bientôt approuvées par l'Eglise, où ils réglèrent les détails de toute leur vie, ordonnés de façon à sauvegarder pour toujours la pratique de la plus étroite pauvreté.

Quiconque a pénétré dans le cloître d'un couvent de Capucins, quiconque a vu ces murs sans ornementation, sans art aucun, ces petites cellules (1), dont les fenêtres étroites ne laissent venir du Ciel qu'une lumière parcimonieuse, et dont tout l'ornement est le crucifix avec l'image de la Vierge et de saint François, dont tout le mobilier se compose d'un bureau grossier, d'une chaise, et d'une misérable paillasse, en guise de lit, peut comprendre aussitôt l'inspiration qui a guidé la réforme capucine.

Grâce à leurs énergiques Constitutions les Capucins se développèrent promptement et les progrès de la nouvelle réforme déterminèrent les Souverains Pontifes à leur accorder un supérieur général indépendant. Ils ont depuis lors gardé leur autonomie.

En 1897, Léon XIII a refait en faveur des Frères Mineurs l'acte d'union de Léon X. Il a supprimé les diverses branches sorties du tronc commun de l'Observance au xvi⁰ siècle, les Alcantarins, les Réformés, les Récollets, il les a obligés à reprendre la dénomination commune de Frères Mineurs et leur

---

(1) Les dimensions accordées à chaque cellule par ces constitutions est de 2 m. 35 sur chaque côté et aux fenêtres 0 m. 65 sur 0 m. 40.

a octroyé de nouvelles Constitutions. De la sorte, il n'est plus resté que trois branches dans la grande famille franciscaine des Frères Mineurs : les *Frères Mineurs* sans addition, les *Frères Mineurs Conventuels* et les *Frères Mineurs Capucins*.

Au sujet de ces trois Ordres la bulle d'union de Léon XIII s'exprime en ces termes : « Or, cette sublime pauvreté que l'homme de Dieu, durant toute sa vie, aima souverainement, certains de ses disciples eurent à cœur de la conserver absolument intacte ; mais d'autres la trouvant trop austère préférèrent la mitiger. Dès lors une scission se produisit : d'une part les Observants, de l'autre les Conventuels.

« Il en fut de même de cette perfection de vie, de ces hautes et splendides vertus qui ont brillé jusqu'au prodige dans la personne de François : les uns voulurent les imiter vaillamment et rigoureusement ; les autres avec un peu plus de latitude. Des premiers se forma la famille des Capucins, et il en résulte une triple division. »

Ces divisions ont choqué certains esprits. Pour nous, nous y trouvons la source d'une bienfaisante émulation pour la pratique plus parfaite d'une règle, dont l'idéal si élevé menace toujours de lasser la faiblesse humaine. Aussi chaque division, chaque réforme a-t-elle toujours été l'occasion d'une nouvelle et magnifique efflorescence de sainteté. Nous avons plus haut apporté l'exemple des Observants au xive siècle. La liste des saints et bienheureux sortis des réformes plus récentes des Alcantarins, des Réformés, des Récollets, des Capucins confirme la même remarque d'une manière plus évidente encore (1).

____

(1) Sur 29 canonisations faites aux xixe siècle, 15 concernent des franciscains ; sur 63 béatifications, 18 intéressent l'Ordre de saint François ; — enfin sur 218 causes introduites, 63 sont franciscaines.

CHAPITRE VI

L'hérésie menaçante au XIIIe siècle avait été conjurée pendant trois cents ans par les efforts combinés des Ordres Mendiants. En l'an 1500 son moment était arrivé. Elle allait sortir des mêmes causes qui avaient failli la déchaîner au temps de saint François : question de pauvreté ou plutôt question d'argent ; mais le personnage perfide, qui allait exploiter cette cause, avait pris un nom nouveau : il s'appela la Renaissance.

L'Eglise romaine, toujours attentive à seconder les progrès utiles, s'était montrée la généreuse tutrice de cette reine moitié païenne, qui se nomma la Renaissance, et dont l'avènement émut l'Europe entière. Elle l'avait accueillie avec tout l'amour de son cœur, elle avait dirigé ses pas chancelants, corrigé ses écarts, conduit son éducation ; elle lui donna le baptême chrétien, elle l'initia à ses mystères, elle lui apprit à chanter des hymnes dans ses églises, à peindre des fresques dans ses sanctuaires, à orner de statues et de sculptures les portiques de ses temples ; et pour la couronner reine universelle, comme autrefois elle avait fait pour les empereurs germains, elle lui prépara un trône au centre même de la chrétienté. Michel-Ange fut chargé d'en tracer le plan et d'en conduire l'exécution ; Raphael et toute la pléiade de génies, qui s'étaient donné rendez-vous sur la terre d'Italie, furent chargés de l'orner des plus magnifiques décors. Saint-Pierre s'éleva pour être l'apothéose de la jeune reine. Celle-ci rebelle et lascive dédaigna les chastes hymens qu'on lui avait destinées ; elle convola vers d'autres délices ; elle alla se prostituer aux pieds des princes laïques jaloux de l'Eglise.

Au saint vieillard, qui l'avait nourrie, elle renvoya l'oppobre et le sarcasme ; et, à l'aide de ses complices, elle lui arracha, pour en faire l'aliment de ses débauches, ses trésors, le bien des pauvres, le pain des prêtres, de la veuve et de l'orphelin ; et, en le dépouillant, elle prétendit faire œuvre de piété, être agréable à Dieu et utile aux hommes : elle ramenait l'Eglise du Christ, disait elle, à la simplicité et à la pauvreté de sa première jeunesse.

Pour applaudir à son crime, elle trouva des complices par toute la chrétienté ; et les princes, en grand nombre, prirent les armes pour garantir son impunité, consacrer ses forfaits et les étendre sur le monde entier.

En face de ces défections et conspirations universelles, l'Eglise vit son existence même mise en péril. Elle dut faire appel à toutes ses forces. Elle réforma son clergé séculier ; le vieux tronc franciscain, fortifié par l'acte d'union accompli sous Léon X, se couvrit à son tour de branches nouvelles, et lutta par les armes de la pauvreté avec plus d'ardeur et de succès qu'aux premiers jours. L'ennemi fut arrêté aux portes de l'Italie et de l'Espagne, et il se vit refoulé des contrées de la France, de l'Autriche et d'une partie de l'Allemagne.

Nous n'avons à nous occuper ici que de la France. Trois branches de l'arbre franciscain furent engagées dans la lutte : les Observants, les Récollets et les Capucins. Les Observants prodiguèrent leurs avertissements prophétiques avec leur sang ; les Récollets et surtout les Capucins, après que les ruines eurent été amassées, vinrent panser les blessures, relever les âmes abattues et semer dans les champs dévastés, rendus stériles, les paroles de vie et de résurrection.

Parmi les Observants qui ont essayé par leurs prédications de guérir les désordres introduits dans l'Eglise, de prévenir ainsi l'explosion de haines jalouses qui en devaient être la conséquence, et de fermer en même temps la voie à la réforme de Luther, il convient de citer deux noms particulièrement remarquables, le Bienheureux Olivier Maillard, et le Bienheureux Thomas Illyricus.

Olivier Maillard (1) peut être cité comme le type de ces libres prêcheurs du xv° siècle, ardents à flétrir les abus du clergé et des classes dirigeantes, et présentés, pour leur zèle, comme les précurseurs de Luther. Ce nom de précurseurs ne signifie point qu'ils aient préparé le chef du protestantisme, au contraire, ils auraient rendu sa réforme impossible, en lui enlevant tout prétexte, si on avait voulu les écouter. Deux vices surtout, en effet, avaient gangréné une portion de la milice sacrée : l'ambition et l'avarice. « Cette insatiable cupidité qui dominait tout et qui régnait dans les diverses classes de la société, écrit le biographe de notre bienheureux, avait aussi pénétré dans le clergé. On voyait des prêtres trafiquer des choses saintes, et ce trafic particulièrement odieux, qu'on appelle la simonie, revient bien souvent dans les invectives de nos prêcheurs. Tout devient matière à trafic : la messe, les sacrements, les sépultures, les indulgences et les reliques, la prédication et les bénéfices (2). »

Le Frère Maillard dénonça tous ces scandales ; il n'épargnait pas plus les princes et les rois que les simples prêtres ou les prélats. Il décida Charles VIII à rendre à Ferdinand d'Espagne Perpignan et le Roussillon acquis injustement ; il fut le prédicateur ordinaire de Louis XI, et comme ce roi ombrageux s'était un jour senti piqué plus vivement par les re-

(1) Olivier Maillard (1430-1502) était breton d'origine ; il fut un des promoteurs en France de la stricte observance, il fut cinq fois provincial et trois fois vicaire général des Observants ultramontains. Il a été honoré d'un culte après sa mort.

(2) *Olivier Maillard*, par M. l'abbé Alexandre Samouillan.

proches de l'homme de Dieu il le fit menacer de le jeter à la Seine : « Le roi est le maître, répondit l'apôtre, mais dites-lui que j'arriverai plus vite en paradis par eau que lui avec ses chevaux de poste. »

Les ardentes invectives du Frère Maillard arrêtèrent peut-être les progrès du mal, elles ne le guérirent pas. La main de Dieu allait passer sous la forme de l'hérésie. Le bienheureux Thomas Illyricus (1) fut le prophète de ce nouveau fléau.

Florimond de Rœmond, chroniqueur de la fin du xvi° siècle a peint en ces termes l'éloquence prophétique de notre missionnaire : « Avant l'invasion du luthérianisme en France, dit-il (2), un franciscain apparut comme un voyant d'Israël, instruisant le peuple et l'avertissant des terribles fléaux que la colère divine lui préparait... Comme une autre Cassandre il annonça les maux qui allaient fondre sur nous... La dernière fois qu'il monta en chaire à Bordeaux... il dit ce dernier adieu à la Guyenne, fondant en larmes : « Belle et délicieuse province, di-« sait-il, le paradis du monde ! tu verseras de nou-« velles rivières de larmes, tu verras les feux on-« doyer parmi tes délicieuses campagnes, et ces belles « maisons, marque de la piété et dévotion de tes pères, « seront données en proie aux ennemis de l'Eglise qui « naîtront dedans toi. »

Au nord de la France d'autres Observants faisaient entendre les mêmes menaces : « Au couvent de Tanlay, au diocèse de Langres, écrit le Père Fodéré, était le Bienheureux frère Gaillier, très docte et d'une sainte vie. Il prédisait souvent les choses futures et nommément il prédit les troubles que les hu-

____

(1) Né à Osimo vers 1460, mort à Bordeaux en 1529, il prêcha beaucoup au sud de la France, et à Toulouse spécialement. Il répandit la dévotion au saint nom de Jésus, et le monogramme fut gravé aux portes de cette dernière ville où il est resté jusqu'à nos jours.

(2) *Histoire de la naissance, progrès et décadence de l'hérésie.*

guenots suscitèrent depuis en France, l'an 1562, avec presque toutes les cruautés qu'ils ont pratiquées ». A Lyon, au témoignage du même P. Fodéré, un autre Observant, le Père Jean Bourgeois, annonça également la ruine de la plupart des Églises et des couvents de l'Ordre.

Les Observants avaient été les prophètes de l'hérésie luthérienne, ils en furent encore les victimes. En tous lieux où elle se produisit, en effet, racontent les annales du temps, les Frères ne se lassèrent pas de la dénoncer de toute manière. « Ceux qui inscrivent leur nom à cette Église de Satan, allaient-ils partout répétant, s'inscrivent pour l'enfer. » Cette parole remplissait les sectaires de rage, et quand ils rencontraient les pauvres franciscains, ils les massacraient sans pitié : à leur entrée dans chaque ville ils brûlaient leurs couvents. Entre les années 1562 et 1589 le martyrologe du Père Arthur de Moutier, les listes du Père Léon Patrem citent près de 300 noms de religieux tués par les Huguenots en haine de la foi. Il n'est aucune contrée qui n'ait eu ses martyrs. La France, durant un quart de siècle, devint un nouveau calvaire, et les Frères Mineurs furent les innombrables et innocentes victimes choisies par la justice de Dieu pour expier les péchés de notre malheureuse patrie. Nous ne pouvons pas citer des noms, cela nous entraînerait trop loin, nous indiquerons seulement quelques chiffres et quelques lieux :

Angoulême eut au moins 4 martyrs ; Auxerre, 3 ; Aurillac, 1 ; Avignon, 2 ; Bayeux, 2 ; Bergerac, 1 ; Bernay, 1 ; Blois, 1 ; Bourges, 2 ; Bourg-Saint-Andéole, 1 ; Brive, 2 ; La Bussière près Gien, 1 ; Casteljaloux (Lot-et-Garonne), 2 ; Châteauvillain, 6 ; Castres, 1 ; Cholet, plusieurs ; Clermont, 1 ; Clois, 1 ; Condom, 1 ; Donnezech, 2 ;

Etampes, 1 ; Excideuil (Dordogne), 1 ; Evreux, 2 ; Falaise, 3 ; Gourdon, 5 ; La Charité, plusieurs ; Loudun, 3 ; Lautrec, 6 ; Lunel, 4 et d'autres ; Lyon, 1 ;

Mâcon, 1 ; Maguelonne, 2 ; Marmande, 2 ; Marseille, 1 ; Mauriac, 1 ; Mausac, 3 ; Meaux, 1 ; Mehun, 2 ; Mirebeau, 2 ; Montagnac (Hérault), 1 ; Montgiscard, 1 ; Montbrison, 4 ; Montréal, 2 ;

Nantes, 3 ; Nîmes, 5 ; Nontron, 3 ; Niort, 1 ; Nogaro (Gers) 2 ; Orléans, 6 ; Orthez, 1 ; Pamiers, 2 ;

Rabastens, 2 ; Rivière (Calvados), 1 ; Riom, 1 ; Rodez, 3 ; Saintes, 1 ; Saumur, 1 ; Saint-Macaire (Gironde), 4 ; Séez, 3 ; Tarbes, 2 ;

Valenciennes, 3 ; Valognes, 1 ; Vendôme, 2 ; Villefranche, 1 ; Vire, 6.

Nous fermons cette liste bien incomplète : elle suffit à établir que les martyres eurent lieu par toute l'étendue de la France, qu'ils furent le résultat d'un plan concerté, et non d'une passion passagère.

Le récit d'un seul de ces martyres, pris au hasard, suffira d'ailleurs à nous peindre le caractère de ces persécutions. Ouvrons la quatrième partie des *Chroniques de saint François*, à l'endroit où il est parlé de la persécution de Valenciennes contre tous les catholiques :

« Ces méchants et inhumains calvinistes usèrent de toutes sortes de cruautés contre les catholiques, car ils donnèrent la mort à plusieurs centaines de prêtres catholiques, lesquels, comme autant d'agneaux, allaient doucement à la mort. Ils en écorchèrent quelques-uns tout vifs, les laissant après mourir d'eux-mêmes ; d'autres furent ensevelis en terre jusques au gosier, d'autres furent ensevelis dans des pierres ; d'autres furent brûlés, d'autres eurent la tête tranchée, à d'autres ils coupaient les pieds, les mains, le nez et les oreilles et après les laissaient vivre en ces tourments, d'autres étaient percés par la gorge avec des épieux de bois ; à d'autres ils ouvraient la bouche et y jetaient du plomb et de la poix fondue ; d'aucuns étaient embrochés comme l'on fait d'un chapon lorsqu'on veut le rôtir et de même les rôtissant en ces peines, les faisaient mourir ainsi cruellement ; aux autres ils ouvraient le ventre faisant cheoir par terre leurs entrailles... Ces cruautés furent souffertes par ces serviteurs de Dieu tant religieux que prêtres, séculiers avec grande humilité, constance et douceur, chantant et priant Dieu pour ceux qui leur donnaient le martyre (1). »

Le sang des Frères Mineurs et de tous ces martyrs fut une prière toute puissante, et Dieu vaincu par la voix de tant de sacrifices, suscita l'épée des nouveaux Machabées, les Ligueurs, il changea le cœur des rois, il suscita de nouveaux apôtres à la place de ceux qui étaient morts et la France redevint chrétienne. Ces nouveaux apôtres, avons-nous dit, furent les Récollets et les Capucins.

Les Récollets furent, pour la plupart, d'anciens Observants réformés ; mais comme cette réforme ne commença guère en France qu'à partir de 1596, l'influence des religieux sortis de son sein n'eut pas le temps de se faire sentir d'une façon très marquée. Les monuments de l'époque en parlent peu. Il en fut tout autrement des Capucins. Introduits en France vers 1573, en plein milieu des guerres de religion, avec l'agrément du roi Charles IX, ils arrivaient avec l'immense avantage de n'avoir contre eux aucun des préjugés ou des haines, que des années de luttes avaient accumulés contre l'ancien clergé tant séculier que régulier. De plus, l'excès même, si l'on peut employer ce mot, qu'ils affichaient dans la pratique de la très haute pauvreté franciscaine, leur était une recommandation auprès de l'austère et jalouse vertu des sectes réformées. N'était-ce pas en effet, nous l'avons dit, l'ambition, le luxe et l'avarice de l'ancien clergé qui avaient scandalisé ces âmes humiliées dans leur pauvreté forcée. Les Capucins par l'exemple de leur vie, venaient redire à tous la parole du Christ si consolante : honneur aux petits ! bienheureux les pauvres ! Leur apparition fut une

____

(1) *Chroniques des Frères-Mineurs*, IV-V-4.

délivrance ; en les voyant on se reprit à croire à la sincérité chez les apôtres de la foi romaine.

Menzel, l'historien protestant, nous a décrit l'impression produite sur ses coréligionnaires par l'apostolat des Capucins : « Persécutés par la haine de leurs frères dégénérés, dit-il en laissant percer sa rancune contre les anciens franciscains, les Capucins se distinguaient par une grande pureté de mœurs, par une activité désintéressée pour le salut des âmes et par l'austérité de leur vie. Le peuple pour qui les Jésuites étaient trop loin avec leur science étrangère et leur grande politique, le peuple se sentait attiré vers les Capucins, qui allaient à pied d'un endroit et d'un pays dans un autre, et qui étaient comme chez eux dans les plus basses chaumières. Ils rendaient évidente pour les pauvres cette sentence de l'évangile que le royaume des cieux est à eux, en ce qu'ils renonçaient à toutes les jouissances et commodités de la vie terrestre. Dans la bouche d'un moine barbu et pieds-nus, qui hors sa robe n'avait pas même une chemise sur le corps et qui couchait sur la planche, la doctrine que le chrétien doit crucifier sa chair et ne porter son regard que vers la patrie céleste, parce qu'il est un étranger et un pèlerin sur la terre, paraissait beaucoup plus convaincante ; les considérations que les souffrances de ce temps ne sont pas dignes de la gloire future, faisaient, sur leurs lèvres, une impression beaucoup plus profonde que dans la bouche d'un riche prélat ou d'un Jésuite à la prudence mondaine (1) ».

Dans les premiers temps de leur apostolat en France les Capucins encouragèrent les Ligueurs et la résistance armée en face des violences protestantes. Un des leurs, le F. Ange de Joyeuse, échangea même un instant le froc contre l'épée, pour prendre la place de son frère, Anne de Joyeuse, tué en 1592, à Coutras, à la tête des troupes catholiques.

(1) *Nouvelle histoire des Allemands depuis la Réformation.*

Durant son administration, qui dura sept années, il rétablit heureusement dans tout le Languedoc la paix si longtemps troublée, et restaura la liberté du culte catholique.

Au siège de La Rochelle, devenue un nouveau Calais aux mains des protestants, alliés des Anglais, çe fut encore un Capucin, le fameux P. Joseph, qui empêcha Richelieu de se décourager devant l'opiniâtreté des assiégés.

Refaire l'unité morale de la France par le catholicisme, ce fut le but de la politique de Louis XIII et de Louis XIV au xviie siècle. Après le rétablissement de la paix, les Capucins furent les principaux instruments dont nos rois se servirent pour atteindre ce résultat. Dans toute ville rebelle, après sa soumission, un couvent de Capucins était construit ; après que les armes royales avaient établi l'ordre à l'extérieur, ceux-ci devaient mettre la paix au fond des cœurs (1). En dehors des exemples de leur vie et des œuvres de charité et de dévotion dont ils avaient l'initiative, ils remplirent leur mission pacificatrice par deux grands moyens, les conférences publiques contradictoires et les missions volantes. Ces exercices durèrent autant que le siècle. Les *Memorabilia* (2) de la province de Tours nous ont conservé le détail d'une de ces conférences, faite à Saint-Jean d'Angély, en 1685, par le P. Augustin de la même ville. Tous les protestants et un grand nombre de catholiques y assistèrent. Le pasteur faisait les objections et le Capucin donnait la réponse. La controverse dura

(1) Voici une lettre royale concernant ces fondations : « Aujourd'hui 15 juillet 1629, le roi étant à Nîmes, ayant donné la paix à ses sujets de la R. P. R (Religion prétendue réformée), sachant combien la vertu et piété des pères Capucins, jointe à leur érudition et suffisance, est capable de faire grands fruits, ordonne qu'aux villes qui lui étaient rebelles il y sera établi une mission des P. Cap.. » *Archives de l'Hérault.*

(2) *Archives des Capucins de Paris.*

dix jours. A la fin les calvinistes s'avouèrent vaincus et se convertirent tous sans exception.

L'œuvre des Missions fut organisée dès 1614 par le célèbre P. Joseph, le conseiller de Richelieu. M. Fagniez a bien fait ressortir le rôle de nos Pères (1) dans cette grande croisade : « La propagande, dit-il, fut principalement confiée aux Capucins. Louis XIII fonda des missions de Capucins dans les villes qui avaient pris part à la rebellion. Le P. Joseph en établit à Privas, à Alais, à Uzès, etc., etc,.. Il y eut beaucoup de conversions. Les unes furent remarquables par le nombre, d'autres par le rang des néophytes. Deux cent cinquante familles d'Aubenas se convertirent en moins de trois semaines. Le P. Bonaventure d'Amiens se vantait d'avoir en deux mois et demi fait rentrer dans le giron de l'Eglise la population de Saint-Pargoire, de Plaissan, de Vendemian, de Pouget, de Cournonsec, de Cournonterral, de Poussan et de Balaruc ». Ce que nous venons de constater pour une ville et une contrée, se renouvela pour toutes les autres villes et les autres contrées infestées par l'hérésie. Dans le Chablais, en particulier, ils luttèrent de zèle avec saint François de Sales pour l'extinction du protestantisme. Sans exagérer, on peut dire que le retour de l'ouest et du midi de la France à l'unité catholique a été en grande partie l'œuvre des fils de saint François. C'est ce qu'affirme Pierre de Gondi, archevêque de Paris, dans une lettre à Clément VIII. « Après Dieu, dit-il, la religion catholique doit son rétablissement aux Capucins.

(1) *Le Père Joseph et Richelieu*, t. I, chap. VI.

CHAPITRE VII

LES ŒUVRES ET LES MISSIONS

Les Franciscains ne pouvaient entreprendre de diriger par eux-mêmes des œuvres de charité ou d'éducation. Leur règle, en leur interdisant toute propriété et tout maniement de l'argent, ne le permettait pas. Mais ce qu'ils ne purent faire par eux-mêmes ils le firent par d'autres. Comme auxiliaires en effet ils eurent les Tiers-Ordres soit réguliers soit séculiers. Beaucoup s'imaginent que les diverses œuvres de charité, si nombreuses aujourd'hui, remontent au XVIIᵉ siècle et sont dues à l'initiative de saint Vincent de Paul. Le succès du fondateur des Sœurs de la charité tient à ce que, arrivé après les guerres de religion qui avaient détruit ies anciennes œuvres catholiques, il s'est occupé à les relever sous un nom nouveau. Mais la charité a toujours fleuri dans l'Eglise à peu près sous les mêmes formes, et, à partir du XIIIᵉ siècle, ses principaux apôtres furent les tertiaires de saint François. Le B. Luchezius et Bona-Donna, sa femme, furent les premiers tertiaires vêtus par saint François lui-même de l'habit de la pénitence. L'histoire nous les montre, depuis ce jour, partageant leur vie entre les œuvres de piété, de pénitence et de charité. Leur maison devint une hôtellerie et un hôpital pour les pauvres, les malades, les pèlerins. On les voyait souvent, conduisant un petit âne chargé de provisions, parcourir les campagnes à la recherche des pauvres et des malades dont ils se faisaient la providence. Cet esprit de charité ne quitta jamais le Tiers-Ordre. Les noms de saint Louis, et de saint Yves, de saint Roch, du bienheureux Elzéar, de la bienheureuse Delphine, son épouse, et, en nos jours, celui du vénérable curé d'Ars en sont de vivants témoignages, au sein même de notre patrie.

La pratique des œuvres de charité comme de religion, pour se développer a besoin de l'association ; et le lien naturel de l'association religieuse ce sont les vœux. Le Tiers-Ordre en se développant prit donc bien vite la forme d'association cimentée par les vœux de religion. Toutefois ces Ordres de tertiaires réguliers n'avaient point la clôture. Destinés aux œuvres de miséricorde leurs membres allaient par le monde où les appelaient les misères à soulager comme font aujourd'hui les religieuses hospitalières, enseignantes et garde-malades. Bordone et Wading citent plusieurs de ces maisons de charité fondées dès le XIIIe et le XIVe siècle par les tertiaires. « A Regio en Lombardie, écrit Bordone, en l'année 1238 les Frères se mirent à exercer les œuvres de miséricorde. Ils allaient de porte en porte par la cité distribuant aux pauvres le pain, le vin et les remèdes. Et comme ils portaient leurs provisions dans un vase appelé *Parvolo* on les appela les Frères du *Parvolo* (1). »

Quoique les religieux du premier Ordre, comme nous l'avons dit, n'aient tenu par eux mêmes aucun établissement de charité, cependant ils ont exercé toutes les œuvres compatibles avec leur état de très haute pauvreté. Il en est deux surtout que nous devons signaler, le soin des pestiférés, et le service des pompes à incendie.

On raconte que les Capucins, installés à Paris en 1574, éprouvèrent de grandes difficultés à se faire accepter de la population de la capitale. On leur refusait l'aumône, on évitait de se rendre à leurs cérémonies et de recourir à leurs services. Cette situation dura jusqu'en 1579. Alors survint une

____

(1) *Chronologium fratrum et sororum tertii ordinis. S. Francisci.* Cap. VII.

grande peste, exerçant de terribles ravages. Les Capucins offrirent leur concours pour soigner les pestiférés, se firent les serviteurs de tous, bravant toute crainte et tout danger. Cette acte de dévouemént les fît connaître et commença leur popularité qu'ils conservèrent jusqu'à la révolution. Chaque peste qui éclatait sur la France était pour les Capucins un véritable champ de bataille ; ils en sortaient cruellement décimés. Nous ne voulons citer qu'un exemple. En 1720 éclate la peste de Marseille, où se distingua Mgr de Belzunce. Les Capucins prirent aussitôt le soin des malades ; et plus tard, quand les galériens ne suffirent plus à ensevelir les cadavres, ils voulurent encore partager avec ces forçats ce mortel emploi : « Trente-trois Capucins sont morts, écrivait Mgr de Belzunce à l'évêque de Toulon ; douze sont encore malades, et cela n'empêche pas qu'il ne m'en vienne souvent de nouveaux dont le sort est envié par tous les autres qui demandent à venir. »

Le service des incendies n'était pas moins périlleux. Les pompes étaient gardées au couvent et, dès que le signal du danger avait retenti, tous les religieux se portaient sur le lieu du sinistre. Intrépides ils combattaient le feu, et volaient à travers les flammes pour sauver les personnes et les biens. Un grand nombre périrent dans cet office de dévouement et de charité (1).

Parmi les œuvres de zèle chrétien et patriotique exercées par les Capucins et les Récollets, nous devons citer encore les fonctions d'aumôniers militaires ; ils les remplirent avec zèle jusqu'à la Révolution.

Il nous faut venir maintenant à la grande œuvre des Missions. Cette œuvre des missions à l'étranger, telle qu'elle se pratique encore aujourd'hui, naquit

____

(1) Cf. *Les premiers pompiers de Paris*, par le P. Edouard, d'Alençon.

au XIIIᵉ siècle, et, nul ne l'ignore, la création en appartient à saint François. Le dernier chapitre de sa règle en effet traite des frères qui voudraient aller chez les Sarrasins et les autres infidèles ; lui-même alla prêcher la foi en Égypte et envoya de ses frères en Grèce et au Maroc. Dès le XIIIᵉ siècle les missionnaires franciscains étaient répandus jusqu'aux extrémités de la Chine et des Indes ; au XVᵉ siècle ils furent les premiers à pénétrer en Amérique et ils en ont été les grands convertisseurs. Mais la plupart des apôtres de ces temps reculés furent italiens ou espagnols. La création des grandes missions franciscaines françaises date du XVIIᵉ siècle.

Les Récollets de la province de Saint-Denys ont l'honneur d'avoir les premiers dans notre patrie orienté le zèle de leurs religieux vers les missions à l'étranger. En 1615, appelés par Champlain lui-même, ils fondèrent la belle et florissante mission du Canada. A cette première fondation il semble que la Providence ait voulu associer la France entière. Après avoir fixé son choix sur la famille franciscaine des Récollets, en effet, Champlain s'en vint à Paris « où la réunions des États-Généraux avait attiré un grand nombre de prélats, cardinaux, archevêques et évêques. Il conféra avec eux de son projet, tous donnèrent leur appui et souscrivirent la somme de quinze cents livres pour l'achat de vêtements, de vases sacrés et d'ornements d'autel (1) ».

Aux Récollets revient encore l'honneur d'avoir su imprimer à nos missions ce caractère fortement national, qui en a fait de véritables instruments d'influence française, en même temps que d'expansion religieuse. Il faut lire à ce sujet, et pour tout ce qui concerne les missions catholiques françaises des Franciscains, le livre fortement documenté, publié cette

____

(1) *Les Anciens Récollets*, par l'abbé Casgrain, dans la *Revue du Tiers-Ordre et de la Terre Sainte*, octobre 1901.

année même, *La France catholique en Orient* (1).

Les Capucins suivirent de près les Récollets et donnèrent aux missions franciscaines françaises une immense extension. Au commencement du XVIIIᵉ siècle deux Ordres semblaient s'être partagé l'œuvre d'évangélisation du monde entier, les Capucins et les Jésuites.

Les Capucins français étaient dans toute l'étendue des deux empires musulmans de la Turquie et de la Perse ; ils y créèrent plus de cinquante postes ; ils étaient aux Indes orientales, au Canada, aux Antilles, au Brésil, à la Louisiane, en Egypte, au Maroc, au Sénégal, en Guinée, en Angleterre et en Russie. Dans toutes ces contrées ils n'admirent point avec eux de religieux de nationalités étrangères. On les retrouve encore dans plusieurs autres pays associés avec des Capucins espagnols et italiens : à Lhassa et au Thibet, au Nepaul, au Congo, et jusqu'au centre de l'Afrique.

Parmi leurs succès on peut citer la conservation de la foi catholique dans l'empire turc. C'est à leur zèle et à leur industrie, comme il est démontré dans le livre cité plus haut, qu'il faut rapporter la part principale dans la création des cinq églises orientales unies, qui comptent aujourd'hui près d'un million de catholiques.

(1) Chez Poussielgue, à Paris, et à l'OEuvre de S. François d'Assise, également à Paris.

CHAPITRE VIII

LES FRANCISCAINS ET LA RÉVOLUTION. — LES MARTYRS. — LA RENAISSANCE DE L'ORDRE FRANCISCAIN EN FRANCE ET SA SITUATION AU COMMENCEMENT DU XX° SIÈCLE.

La philosophie du XVIIIe siècle, dans sa guerre à l'Eglise, concentra ses efforts contre deux Ordres religieux, les Jésuites et les Franciscains désignés sous le nom générique de Capucins ; contre les premiers elle excita la haine, sur les seconds elle déversa le mépris. Quoique en France le ridicule tue plus vite et plus sûrement que la haine même, les Capucins, soutenus par la reconnaissance populaire, seraient sortis victorieux de la lutte, si la secte triomphante n'avait déployé contre eux et tout ce qui restait fidèle à l'Eglise, le seul argument qui ne souffre point de réplique, la violence. La Révolution détruisit les couvents, massacra les principaux religieux et dispersa les autres. On a commencé à dresser le martyrologe franciscain des années 1792-1800, le nombre des victimes, inscrites sur ses pages, tombées sous le fer des assassins, ou mortes dans les prisons infectes et sur les pontons, approche déjà de 200, et les recherches sont à peine commencées. Les sentiments qui animaient ces nouveaux athlètes de la foi sont dignes des plus beaux qu'aient enregistrés les annales des premiers siècles. Nous avons, à l'occasion du protestantisme, entendu les accents prophétiques des Franciscains dénoncer les prochains attentats de la secte naissante ; en 1792 ils firent entendre d'autres avertissements, où l'espérance se mêle à l'angoisse :

« Alleluia, Alleluia, Alleluia ! écrit le P. Apollinaire de Fribourg, quelques jours avant d'être conduit à la prison des Carmes où il reçut le martyre. En vérité, en vérité je vous le dis, bientôt la France, imprégnée du sang de tant de martyrs, verra la religion refleurir sur son sol... O péché vraiment nécessaire d'un Rousseau et d'un Voltaire, dont les suites malheureuses feront que les aveugles voient, les muets parlent, les sourds entendent, les boiteux marchent, les lépreux soient guéris, les morts ressuscitent. »

Après cette vision de l'avenir, il tourne son regard vers lui-même et prophétise sa mort prochaine :

« O heureux homme que je suis ! Mon père et ma mère m'ont laissé, mais Dieu s'est chargé de moi et m'a placé comme pasteur de cinq mille âmes (il était vicaire des Allemands à Saint-Sulpice), au nombre de tant de héros qui vont mourir en France pour la foi (1). »

Il mourut en effet avec trois autres Franciscains aux journées du 2-5 septembre 1792.

Pendant la Révolution, ceux qui ne périrent pas de mort violente se dévouèrent pour la conservation de la foi, vivant cachés au milieu des catholiques fidèles. Beaucoup s'exilèrent en attendant la fin de la tempête. La paix rétablie, ils vinrent remplir les fonctions de curés et de vicaires dans les paroisses diocésaines veuves de leurs pasteurs.

De tous les monastères franciscains, si nombreux avant la Révolution (2), aucun n'échappa soit à la

(1) Cf. *Un Capucin fribourgeois martyr de la Révolution française,* par le P. Justin, de Fribourg.

(2) Le recensement fait par la Commission des réguliers en 1769 donne 423 maisons de Capucins et 4397 religieux — 345 maisons de Cordeliers et 2395 religieux — 223 maisons de Récollets et 2534 religieux. — Les tertiaires réguliers de Picpus avaient 61 maisons et 494 religieux. — Total, 9820 religieux. En 1790 ce nombre était diminué de moitié.

ruine soit à la dissolution de ses membres. Seules quelques sœurs hospitalières réussirent, à force de charité et de présence d'esprit, à rester auprès de leurs malades. On cite l'exemple de la sœur Marie-Thérèse Petit, des sœurs Grises, hospitalière à Savenay. Plusieurs fois on menaça de la faire fusiller : « Faites ce que vous voudrez, répondait-elle, mais qui soignera vos malades ? » Un jour on la fit venir au pied de l'arbre de la liberté, et le chef du district lui commanda de l'embrasser : « Citoyen, répondit-elle en riant, si ça vous était égal, j'aimerais mieux vous embrasser vous-même. » Cette repartie désarma le jacobin : « Va-t'en bien vite, vieille choanne, dit-il, tu seras toujours incorrigible. » Après cette scène on la laissa tranquille ; elle continua sa mission de charité, et elle fit respecter des révolutionnaires mêmes l'humble bure des filles de saint François (1).

Quand la paix eut été pleinement rétablie et que le recrutement régulier du clergé paroissial parut suffisamment assuré, quelques-uns des survivants parmi les Capucins reprirent leur costume et leur règle en Savoie d'abord puis dans le midi de la France. C'est à Crest, dans la Drôme, en 1821, qu'ils se réunirent pour tenter ce rétablissement plein de difficultés. Nous ne raconterons pas les mille vexations qu'ils eurent à subir de la part des gouvernements, qui se succédèrent jusqu'en 1848. À cette époque ils obtinrent leur pleine liberté et se développèrent avec une merveilleuse fécondité. En 1848, les Capucins possédaient 5 couvents : à Crest (1821), Marseille (1824), Aix (1828), Lyon (1838), Saint-Etienne (1846) ; cinquante ans plus tard ce nombre était décuplé ; Les statistiques de 1900 comptent 54 couvents de Capucins et 977 religieux.

Les Observants et les Récollets profitèrent à leur

(1) Cf. *Les religieuses franciscaines*, par le P. Norbert, p. 11.

tour de la liberté rendue en 1848 pour rentrer en France. Le restaurateur des Observants a été le P. Joseph Areso. Entre les années 1849 et 1852 il fonda le Commissariat de Terre-Sainte à Paris et les deux maisons de Saint-Palais, près Bayonne, et d'Amiens. Les Récollets reparurent à peu près à la même époque. Aujourd'hui ces deux branches réunies possèdent en France 39 couvents et environ 580 religieux.

Outre ces maisons dans la mère patrie les Franciscains de France ont fondé de nombreuses missions à l'étranger. Les Frères Mineurs possèdent trois établissements en Angleterre, un au Canada, ils ont plusieurs religieux dans les vicariats de la Terre Sainte et de la Chine : ils comptent 80 missionnaires.

Les Capucins depuis 1864 travaillent avec ardeur à relever leurs anciennes Missions. Chacune des quatre provinces a pris une ou plusieurs contrées à évangéliser. La province de Paris est à Constantinople, à Smyrne en Crète, et au centre des Indes — la province de Lyon est en Mésopotamie, en Arménie, en Arabie et aux Somalis — la province de Toulouse est aux Galla, en Abyssinie, à Djibouti et au Canada — la province de Savoie est aux Seychelles et au Brésil.

Les Capucins entretiennent dans ces pays 216 missionnaires, aidés par 242 auxiliaires ; ils élèvent dans leurs écoles 8.000 élèves et nourrissent dans leurs orphelinats un millier d'enfants (1)

Dans l'espace des cinquante dernières années du XIXe siècle, malgré la crise des expulsions, malgré la terrible épreuve des lois militaires, les Franciscains ont déployé partout la plus grande activité. Le nombre de leurs prédications est incalculable. Il n'est pas rare qu'un missionnaire Capucin inscrive en une seule année un nombre de trois à cinq cents

____

(1) C. f. *La France catholique en Orient*, par le P. Hilaire de Barenton.

sermons donnés sous forme de missions, carême, retraites, dans les diverses parties de la France. Au point de vue de la science, des travaux de la presse ils se sont mis au niveau des besoins actuels. Les seuls Capucins de Paris publient outre une grande Revue mensuelle, les *Etudes franciscaines*, traitant toutes les questions intéressant la théologie, l'Ecriture sainte, l'histoire, la littérature, les sciences, six périodiques mensuels pour propager le Tiers-Ordre, et entretenir la piété sous toutes ses formes. Pour la France entière le nombre de ces périodiques rédigés par les Franciscains s'élève à quinze ou vingt. Enfin, des ouvrages, des brochures de toutes sortes ne cessent d'être livrés à la presse, chaque année, et vont partout répandre la science, la piété, l'amour de la vertu, de l'Eglise et de la France. Le nombre de ces ouvrages, sans compter les brochures de propagande, durant ces cinq dernières années, a dépassé un cent.

Les Franciscains ont encore repris la pratique des œuvres d'assistance et d'éducation au moyen de leurs Tiers-Ordres réguliers et séculiers. Le R. P. Norbert dans un livre récent, *Les Religieuses Franciscaines*, a fait le dénombrement de toute cette armée des nouvelles amantes de la pauvreté séraphique, il a décrit leurs travaux et leurs œuvres. Elles sont 7.600 divisées en 50 congrégations indépendantes, et desservent 450 maisons d'éducation ou de charité (1).

Les tertiaires séculiers sont en France plus de 200.000. Ils se livrent aussi aux œuvres de piété et de charité. Depuis 1895 ils ont, presque chaque année, tenu leur congrès, où ils sont venus donner la preuve de la grande énergie et vitalité qui les anime. Dans les paroisses ils sont partout les auxiliaires humbles,

---

(1) Les religieuses tertiaires franciscaines sont 35.000 dans le monde entier ; elles sont plus nombreuses qu'aucun autre Ordre. Les Sœurs de la Charité sont 18.000 dans le monde entier et 12.000 en France. Les Sœurs de la Sagesse sont 4.700 et les Petites Sœurs des pauvres 4.400.

dévoués, désintéressés de leurs curés ; ils visitent et soignent les malades, assistent les pauvres, enseignent le catéchisme aux enfants des écoles laïques, ils font des ornements pour les églises pauvres, ils sont les membres les plus assidus de toutes les pieuses confréries, etc.

Nous ne voulons pas omettre l'œuvre du Pain de saint Antoine. Créée par la volonté du Thaumaturge franciscain, due à l'initiative d'une pauvre tertiaire Mlle Bouffier de Toulon, propagée par le zèle des trois ordres de saint François, cette œuvre a désormais son tronc dans toutes les églises et chapelles, et chaque jour elle assure le pain et les autres secours nécessaires à des milliers de malheureux.

Nous avons achevé notre aperçu sommaire sur l'Ordre Franciscain en France. La conclusion qui s'en dégage est facile à tirer. En parlant des origines de notre patrie, on a dit avec justesse que c'étaient les évêques qui avaient fait la France ; avec une égale vérité on peut dire que, depuis sept siècles, la conservation de la foi catholique au royaume de saint Louis a été en grande partie l'œuvre des Franciscains. Ils ont à cette œuvre répandu leur sueur et leur sang. Ils ont éclairé les esprits par la lumière de leur doctrine, échauffé les cœurs par l'exemple de leur charité et de leur abnégation ; ils ont à tous fait aimer et apprécier la vie simple et chrétienne, faite de dévouement et de sacrifice ; et par là ils ont imprimé à l'âme française ce caractère qui distingue notre nation parmi tous les autres peuples, la générosité. Ce sont là, nous le savons, des titres à la haine des ennemis de la France et de l'Eglise ; mais ce sont aussi des titres à la reconnaissance des vrais Français : l'Ordre franciscain appartient au cœur même de la nation française. Il continuera donc de vivre au milieu de notre belle patrie, il vivra autant que la France même.

Imprimatur :

Versaliis die 8 sept. 1902.

F. ROBERT DE LAVAL,

Cap. vic. prov.

Permis d'imprimer :

Paris, le 14 septembre 1902.

G. LEFEBVRE,

vic. gén.

Imprimerie BUSSIÈRE. — Saint-Amand (Cher).

www.ingramcontent.com/pod-product-compliance
Ingram Content Group UK Ltd.
Pitfield, Milton Keynes, MK11 3LW, UK
UKHW022133070726
13613UKWH00003B/1334